JN168350

リーダーシップでいちばん大切なことを伝えたい

上司のあなたが頑張って働いても部下はなぜついてこないのか？

森昭
Mori Akira

現代書林

はじめに

人間が猿を捕らえようと罠を仕掛けた。

罠の先には、檻のなかに入った大きなバナナが一本。

しかし猿は、罠が危険であるということは知っているので、手を伸ばしてなんとかバナナを取ろうとした。

そして、やっとのことで猿はバナナを掴んだ。

が、バナナは檻の隙間より大きすぎて、バナナを掴んだ手を檻から外に出すことができなかった。

結局、猿は人間に捕まえられてしまった。


猿は、バナナを手放しさえすれば自由になれたのに、できなかった。

猿にとっては、バナナはそれほど欲しかったものなのだ。でも、それを求めようという気持ちが強すぎて、猿は自由を失ってしまった。

ところで、あなたはいま上司として幸せでしょうか。
仕事がうまくいっていたとしても、どこか息苦しかったり、いつも何かに追われているる感じはありませんか。

もしそうであれば、あなたは「バナナを掴んだままの猿」と同じです。

掴んでいるものを手放さないから、いつまでも苦しいのです。
掴んでいるものを、手放せば自由になれます。

手放すもの。それは、「あなたが『仕事ができる上司』であること」です。

あなたが、仕事ができる上司であり続けるということは、トッププレイヤーでありながら、部下のマネジメントもしているということです。
しかし、多くの場合、そうした上司はマネジメントをしているつもりで、実は部下をただの手足のように扱っていることに気がついていません。ですから部下はまったく自主性がなく、言われたことしかやらないようになります。逆に言われないことはしないようになります。

あなたが、仕事ができる上司であるほど、あなたの部署はあなた一人が頑張って結果を出すチームになります。結果的にあなたに業務が集中し、あなたが気をゆるめると、一気に業績が落ちてしまうチームになってしまいます。

それればかりではありません。その結果、仕事がうまくいっていたとしても、あなたはどこか息苦しかったり、いつも何かに追われている感じになってしまうのです。

では、どうすればいいのか。

簡単です。

「仕事をしない上司」になればいいのです。

実は、「仕事をしない上司」のチームの方がうまくいっています。

それは、部下にお願いしないといけないから……。


仕事ができる部下として頑張り、実績を重ねてきたからこそ、いまの自分がある。

そんな人にとってプレーヤーとしての活躍は、自分が「できる人間」であることの証明のようなものです。「仕事ができる上司」であることを手放すのは心細く、大きな恐怖を感じることでもあるでしょう。

あなたの気持ちはわかります。

いままでしてきたことがすべて否定されるような恐怖。

自分の存在価値がなくなってしまうような恐怖。


それでも、私はあなたに伝えたい。

あなたが「仕事のできる上司」を手放さない限り、あなたの息苦しさは、永遠にあなたを苦しめることになる、と。

「仕事ができる上司」を続けることは、出世すればするほど、部下が増えれば増えるほど、仕事の成功に関わらず、あなたを苦しめることになります。

「やっぱり俺じゃないとね」という声が欲しいという隠れた思い、ダイレクトに認めてほしいという願望が、部下を無能にさせています。

そんなことはない。部下が有能になってほしいから頑張っているのだと、いまあなたは思ったかもしれません。

それでは、なぜいまあなたにばかり業務が集中しているのでしょうか。
なぜあなたは息苦しいのでしょうか。
あなたの隠れた思いや願望が、いまのあなたの状況を作り出しているのです。

勇気をもって「仕事のできる上司」を手放していきましょう。
大丈夫です。
手放すとは、捨てることではありません。

手のひらを上に向けることです。下向きに離すことではありません。
いつだって「仕事のできる上司」にも「仕事のできる部下」にも戻ることもできます。

猿も、手のひらを上に向けて、バナナの方向を少し変えれば、自由になれたのです。
あなたも、勇気をもって手のひらを上に向けて、本当の上司の喜びを味わってみませんか。

私がナビゲートさせていただきます。

2015年6月

森　昭

目次

PART 1

部下が働かないのは、あなたが「仕事ができる上司」だから

PART 2
「部下をほめる」はいますぐやめなさい！

PART 3
「仕事ができる上司」をやめるために、『イライラ手帳』をつけよう

PART 4

■イライラ手帳を始めてみよう ―― 75

「できる上司」をやめたら、部下は働きだし、売り上げが伸びた

PART 5

「女性部下が苦手」は、上司の資格はない！

PART 1

部下が働かないのは、あなたが「仕事ができる上司」だから

部下で悩まない上司は一人もいない

「何度言ったら、わかるんだ！」

「ホウレンソウはどうなっている！」

「あの企画書はいつになったらできるんだ！」

「会議でもっと発言しろ！」

「文句ばっかり言っていないで、自分がすべきことをしっかりやれ！」

「ボーっとせずに気合いを入れて仕事しろ！」


胸元でグツグツと煮えたぎった何かを感じながら、体の中から込みあげてくるイライラを喉元でグッと抑え込み、ニッコリ笑顔で応対しているあなた。

毎日ご苦労様です。

もし、あなたが部下だったら、

「上司から言われたことはすぐにメモをとり、なんども読み返し」、
「上司にしっかりと報告・連絡・相談をして」、
「企画書は期限よりも早く作って、上司の確認をとり」、
「会議を有意義なものにするために、質問や提案事項をしっかりまとめ」、
「会社や上司に対し不満はあっても、自分が発奮するプラス材料ととらえ」、
「毎日、出勤する前に自分に気合を入れていた」
ことでしょう。

もし、あなたが部下であった時のような優秀な部下に囲まれていたとしたなら、あなたは余裕をもって仕事ができ、会社がよくなるようなクリエイティブな提案ができて、もっともっと自分の能力が発揮できるのに……。

でも、実際のあなたは、業務が自分に集中し、いつも爆発しそうで、息苦しくて、走っても走っても日常で発生する問題に追いかけられるような毎日。
義務や役割に振り回される日常。

もう一人自分がほしい。
もっと部下がしっかりしてくれたら……。
部下が自分で考え、自分で行動してくれたら……。
自分が部下のころは、もっと多くの仕事ができていた。
そして、仕事に対しても前向きに取り組んできた。
なのにどうして、部下はそのようになってくれないのか。
以前の自分のような、優秀な部下がいてくれたら楽なのに……。

いつの間にか、そう思うようになっていませんか？
仕事は表面上うまくいっているが、あなたの内面はいつも何かに追われている。
なぜ、そうなってしまうのでしょうか？

「部下を効率的に働かせるのがリーダーの役目」は大間違い！

このような悩みを持っているのは、あなただけではありません。

実は、私もそうでした。

私は歯科医院を平成7年に開業しました。歯科チェアー3台、スタッフ4人からのスタートでした。パノラマ状にすべてが見渡せる診療室で、私が司令塔、私がルールブックになり、毎日の診療をしておりました。

開業後すぐに予約帳がいっぱいになるほどの順風満帆な滑り出しでした。

平成15年、私はあまり深く考えずに増築、歯科チェアーの増設、歯科衛生士の増員に踏み切りました。

開業時の滑り出しがよかったものですから、この時も何とかなるという変な自信があったのです。

しかし、意に反して、なんともならない非常事態に陥っていきました。

増築することで、以前はすべてを見渡せる職場だったのに、仕事中に私の目が届かない死角ができました。


部下は私の指示のもとで仕事をするものだと信じきっていたため、仕事をしている部下が見えないというだけで、混乱してしまったのです。

「ちゃんと仕事をしているのか？」

「まさかサボっているのでは……」

仕事中、常にイライラした状態になってしまいました。


そんなイライラしたリーダーがいる職場の雰囲気がいいはずがありません。

優秀な部下は辞めていき、残ったのは指示を待つばかりで自分からは何もしないスタッフだけ。徐々に経営状態も悪化してきました。

もうこのままの状態では、スタッフを何人か解雇しなければならないという状況まで追い詰められたのです。すべて私の責任でした。

そんな私が今は、素晴らしい部下に囲まれ、幸せな毎日を過ごしています。お客様は5年前に比べ3倍に増えました。

振り返って考えると以前の私は、部下を自分が効率的に仕事を進めるための手足のように考え、高い忠誠心を求めていたように思います。

それが、リーダーの役目だと思っていました。

リーダーのあるべき姿を誤認していたことが、自分も周りも苦しめていたのです。

あなたはいかがですか?

経営者であれ、中間管理職であれ、部下を一人でも抱えているリーダーは、部下との人間関係や、数値目標の達成、業務過多による疲労や睡眠不足など、様々な悩みを抱えていることが多いのではないですか?

本書でお伝えするのは、「歯科業界」「医療業界」における特殊な事例ではありません。

どんな業種業態であろうと、リーダーにおける悩みの本質は共通しています。

本書を手に取ってくださったあなたも〝素晴らしい部下〟だった経歴をお持ちのことでしょう。

拙著『指示待ちスタッフが変わる仕組み』を上梓後、私のもとに〝元・素晴らしい部下〟だったであろう現・上司、リーダーから、部下に対する悩みが多く寄せられるようになりました。

そのうちのいくつかをここで紹介しながら、あなたとリーダーの実態を探っていきましょう。

あなたは部下にとって「好きな上司」か「嫌いな上司」か

事例—1　病院事務幹部スタッフ

勤務して3年の事務スタッフです。私の前では勤務態度もよく、笑顔が素敵で良いスタッフだと思っていました。他のスタッフから、しばしばその子の勤務態度について指摘があったのですが、よくあるスタッフ同士のイザコザかなと、大きな問題としては受け止めておりませんでした。

たまたまその子が休みの時、受付の引出しを開けてみると、レセプト（医療機関が保険者に出す請求書）の返戻（記載不備により審査機関から差し戻されたレセプト）が、奥の方から大量にでてきました。

私は、再提出してくれているものと信じていたのでガッカリです。きっと手続きが面倒だったのでしょう。

このスタッフに新人教育をお願いしようと思っていましたが、とてもじゃないけどそういう状態ではありません（泣）。

事例—2　オーナー料理長

見習いの料理人が、覚えたい料理があるというので、私もいつもより2時間前に店に出て、その子に料理の指導をしてやりました。

なかなか不器用な子で、その料理のコツを覚えるまで、1ヶ月ほど特訓しました。

そこまではよかったのですが、ここからが問題です。

その料理人が「僕の残業代がついていない」と言いだしたのです。

料理を覚えたいというから、わざわざ2時間も早く店にでて、その子に指導をしてやったのに、そんな口を利くものだからムカッとしてしまい「なにが残業代だ。この半人前が」ってどなってしまいました。

そうすると、その料理人がパワハラだと騒ぎだし、監督署に訴えると言って、店を辞めていきました。

幸い、いまのところ監督署から呼び出しはないのですが、料理人を1人失って、ものすごい量の仕事に振り回されています。

事例－3　プロジェクトリーダー

部下が遅刻するので困っています。

私も社会人になって一度だけ遅刻してしまったことがあります。

それは目覚まし時計を無意識に止めていたことが原因です。それからは目覚ましを3つかけて寝るようにしています。

遅刻した部下へ共感をしめすために、「自分も遅刻したことがあるからわかる」という話を彼にしました。

そうすると、なおさら部下は遅刻するようになり、注意すると、「自分も遅刻したことがあるくせに……」と逆ギレされてしまいました。

それからというもの人間関係がぎくしゃくして仕事にならず、彼が遅刻しても強く注意できなくなってしまいました。

いまその部下が抜けてしまうと、プロジェクトが大きく遅れてしまいます。

どうしたらいいでしょうか。

私のもとに寄せられた上司・リーダーの悩みを3つご紹介しました。なぜこのようなことが起こってしまうのでしょうか。

問題の答えを探すために、あるデータを見てもらいましょう。

「転職情報サイト　リクナビNEXT」が実施したアンケートです。

上司が好きな部下ベスト10

1位　積極的に新しい提案や挑戦をしたり、成長意欲がある
2位　頼ってくれる。よく話しかけてくれる
3位　いつも元気よく笑顔
4位　仕事が速い
5位　根性があり、どんなに叱ったり厳しい要求をしてもくらいつく
6位　言い訳をしない
6位　技術力が高い
8位　上司に対して敬う姿勢がある
9位　こちらの指示に従順
10位　壮大な夢を持っている
「リクルートキャリア リクナビＮＥＸＴ Ｔｅｃｈ総研」調べ　２０１１年6月発表
対象者：25歳〜39歳、ソフトウェア・ハードウェア系エンジニア合計３００名

そうそう、こんな部下が欲しいのだよ。きっと、あなたはそう感じたことでしょう。

アンケートの対象はＩＴエンジニアですが、業種を問わず、いろんな会社にあてはまるアンケート結果だと思いませんか？

アンケート結果を見ると、部下が上司のことを敬い、夢があってやる気があって、仕事の能力が高い部下を上司は望んでいることになります。

きっとあなたは部下の時、こんな部下だったのだと思います。

だからあなたは出世をし、上司になった。


あなたは、自分が部下だったときと同じように上司を敬い、言われた仕事をきっちりこなす部下が理想的な部下であると信じているはずです。

あなたがそうであったように、部下の方から上司の方にくらいつき、常に自分のすべき仕事を探し、ベストを尽くす。そんな部下がいたなら思い切り可愛がってやろうと、そう思っているのではないでしょうか。


一方、部下の方はどんな上司を望んでいるか、同じアンケートを見てみましょう。

好きな上司　ベスト10

1位　リーダーシップがある
2位　最後にはきっちり責任を取って部下を守ってくれる
3位　決断力がある
4位　気軽に話しかけて、気遣ってくれる
5位　マネジメント力が高い
6位　技術力が高い
7位　自由に仕事を任せてもらえて、信頼してくれている
8位　丁寧に指導してくれる
9位　叱るときは厳しく叱り、褒めるときは喜んで褒める
10位　部下の悩みに真剣に応えてくれる

これを見て、「俺、なかなかいけている上司じゃないかな」と思ったあなた。
ここで本を閉じないでください。

実は、いけている上司だと思っているあなたにお伝えしたいことがあります。
嫌いな上司の条件というアンケートも同じくリクナビにありました。

嫌いな上司の条件　ワースト10

1位　責任から逃れようとする
2位　口ばっかりで、行動を起こさない
3位　理不尽なことで叱る
4位　こちらの話をきかない。自分勝手
5位　嘘をつく
6位　部下の手柄を横取りしようとする
7位　マネジメント力がない
8位　上司の顔色やご機嫌ばかりをうかがって仕事をする
9位　部下を信用していない
10位　叱らない、褒めない、部下に無関心でコミュニケーションをとらない好かれる上司は、部下とコミュニケーションを充分取り、部下の気持ちがわかる上司です。
嫌われる上司は、部下とコミュニケーションをとらないで自分都合で仕事をしている上司です。

さてもう一度質問です。
あなたは、このアンケートで言う『好きな上司』ですか？
それとも『嫌いな上司』ですか？

ここで、あなたに覚えておいてほしいことは、**多くの上司は自分のことを『好きな上司』だと思い、多くの部下は自分の上司は『嫌いな上司』だと思っているのです。**

上司と部下の間には、幅は２ｍでも、深さ２００ｍの溝があるということです。近いようですが、とんでもなく深い溝があるということを知っておいてください。

先ほどの、私に寄せられた相談も、あなたが息苦しいのも、この深い溝が起こしている現象なのです。

部下の「心の声」を聞いてみたら……

「コミュニケーションの罠」というものがあります。
こんなやりとりはないでしょうか。

課長　分譲マンション販売会社の営業部課長
部下　販売ノルマが達成できず、悩んでいるように見える部下A

課長　**（Aのやつだいぶ落ち込んでいるな。まあノルマは達成できる時もあればできない時もある。ただ、あのモチベーションの低さは、他の部下の士気にも関わる。いっちょ声をかけてくるか）**
「A君、最近の調子はどうだい？」

部下「課長、それがあまり契約がすすまず、今月のノルマは厳しい状況です」

課長「そうかぁ。なんとか契約に結び付く可能性のあるお客はいま何組だ？」

部下「そうですね。うまくいけば契約してくれそうな方が2組。可能性は低いけど、もしかしたらというのが1組という状況です」

課長「そうか。なんとかその2組をものにしたいね」

部下「そうなんですけど。いろいろやっているのですが、あと一歩が……」

課長「俺が契約をとるときは、奥さんの趣味を徹底的に調べて、そこからアプローチしたものだよ。人は自分に興味がある人から物を買うって鉄則があるからね」

部下「はぁ～……」

課長「まぁ、君には君のやり方があると思うから、思い切ってやってみなさい。契約が取れなくても次につながればいいから」

部下「…………」

課長**（契約がとれなくてもいいと言ってやったから、彼のストレスもだいぶ減るだろうな）**

この課長は、自分では、

「コミュニケーションがとれている」

「落ち込んだ部下に手を差し伸べている」

「ノルマの重圧から解放してあげている」

と思っています。


このシーンを部下Aサイドの心の動きからみてみましょう。

課長 「A君、最近の調子はどうだい？」
部下 **（うわ〜、課長のヤツ、またノルマが上がっていない俺にプレッシャーかけてきやがった）**
「課長、それがあまり契約がすすまず、今月のノルマは厳しい状況です」
課長 「そうかぁ。なんとか契約に結び付く可能性のあるお客はいま何組だ？」
部下 「そうですね。うまくいけば契約してくれそうな方が2組。可能性は低いけど、もしかしたらというのが1組という状況です」
課長 「そうか。なんとかその2組をものにしたいね」
部下 **（そんなことわかっているよ。それが難航しているから悩んでいるんだよ）**

「そうなんですけど。いろいろやっているのですが、あと一歩が……」

●課長
「俺が契約をとるときは、奥さんの趣味を徹底的に調べて、そこからアプローチしたものだよ。人は自分に興味がある人から物を買うって鉄則があるからね」

○部下
（うわ〜。また昔の自慢話が始まったぁ。そりゃ、あんたは昔、優秀な営業マンだったって耳にタコができるほど聞きましたって……）

「はぁ〜……」

●課長
「まぁ　君には君のやり方があると思うから、思い切ってやってみなさい。契約が取れなくても次につながればいいから」

（これで、奥さんへのアプローチできなくなっちゃったじゃないか。契約とったら、課長のお手柄になっちまうからな……）

○部下
「…………」

部下Aから見たら、課長は、

「落ち込んだ部下に手をさしのべている人」

ではなく、

「プレッシャーをかける人」
「自慢話をする人」
「手柄を横取りする人」
なのです。

このように、上司と部下の間には、北極と南極くらいの大きな大きな隔たりがあります。

「上司のかくしきれないドヤ感」が部下に伝わってしまい、「部下の勘弁してほしい感」につながっていくことがあるのです。

上司は「自分が優れた上司」だと思っても、部下にとっては「上司は仕事を邪魔する人」であることも少なくないのです。

部下へのアドバイスは今すぐやめなさい

私は、歯科医院の院長ですが、メディカル&デンタルエステ協会という会も運営しています。そこでは、歯科医院で働くスタッフの本音を聞くことができます。いままで歯科医院で働くスタッフ300人以上の声を聞いてきました。

そこで確信したことがあります。

歯科医院で働くスタッフの本来もっている素晴らしい能力を封じ込めているのは、その歯科医院の院長であることがほとんどだということです。

同じような現象が、会社の上司部下の関係でも起こっています。

さて、先ほどの課長は何が間違っているのでしょうか?

一番の間違いは、「部下が聞いてもいないのにアドバイスをしていること」です。部下にとって上司のアドバイスとは「個人的経験に基づく成功自慢」になってしまうことが多いのです。

子どもの頃、夏休みの宿題をやろうと思った時、母親から、

「あんた、ごろごろしていないで、夏休みの宿題さっさとしたらどう。お母さんなんかいつも7月中には、宿題終わっていたわよ」

みたいなことを言われたら、

「ふんっ、誰が宿題なんかするものか」

と心に誓ったことはないでしょうか。

この課長は、「夏休みのお母さん」と同じ間違いを犯しているのです。


「仕事ができる部下だったあなた」は、日常会話がアドバイスになっている可能性があります。

アドバイスを越えて、指示になっている人もいます。

上司になったら、**「アドバイスすることは、すごくおこがましいこと」という認識が必要です。**


あなたはきっとこう思うでしょう。

だったら、部下がアドバイスを求めてきたらどうしたらいいの？

ここでも注意が必要です。

「あなたの部下は、本当にアドバイスを求めているのか？」ということです。

また、課長と部下Aに登場してもらいましょう。

○部下 **（うわ〜、今月はやるだけのことはやったけど、ノルマ達成できそうにないな。いきなり怒られるのもなんだから、相談もかねて、自分から課長に報告しておくか……）**

「課長、相談があるのですが……」

●課長 「なんだ」

○部下 「今月、どうもノルマが達成できそうにないのですが……」

●課長 「そうかぁ。なんとか契約に結び付く可能性のあるお客はいま何組だ？」

○部下 「そうですね。うまくいけば契約してくれそうな方が2組。可能性は低いけど、もしかしたらというのが1組という状況です」

●課長 「そうか。なんとかその2組をものにしたいね」

○部下 **（そんなことわかっているよ。それが難航しているから悩んでるんだろっ）**

「そうなのですけど。いろいろやっているのですが、あと一歩が……」

●課長 「俺が契約をとるときは、奥さんの趣味を徹底的に調べて、そこからアプローチしたものだよ。人は自分に興味がある人から物を買うって鉄則があるからね」

部下 **（うわ〜、また昔の自慢話が始まったぁ。そりゃ、あんたは昔、優秀な営業マンだったたって耳にタコができるほど聞きましたたって……）**

「はぁ〜……」

課長 「まぁ、君には君のやり方があると思うから、思い切ってやってみなさい。契約が取れなくても次につながればいいから」

部下 **（だいたい奥さんへのアプローチくらいもうやっているし……）**

「………」

（あ〜、相談するんじゃなかった……）

というふうに思っていることだってあります。

アドバイスを求めに来ているのだけれども、アドバイスされると腹がたつのです。

アドバイスではなくフィードバックをしよう

この場合、Aさんはアドバイスを求めにきてはいます。

しかし、**具体的なやり方を教えてほしいわけではなく、実は「自分はこれだけ頑張ったけど結果につながっていない」ということを認めてほしいだけ**なのです。

じゃぁ、課長はどうすればよかったのか。

アドバイスではなく、フィードバックをしてあげればよかったのです。

アドバイスが「個人的経験に基づく成功自慢」であるのに対して、**フィードバックは「個人的感想」です。**

先ほどの会話を、課長がフィードバックを意識してしたらこうなります。

○部下 **(うわ〜、今月はやるだけのことはやったけど、ノルマ達成できそうにないな。いきなり怒られるのもなんだから、自分から課長に報告しておくか……)**

●課長「課長　相談があるのですが……」

○部下「なんだ」

●課長「今月、どうもノルマが達成できそうにないのですが……」

○部下「そうかぁ。どんな感じなんだ」

●課長「それが、2組とれそうなのですが、今月中の契約までつながらなくて……」

○部下「そうかぁ、頑張っているんだな」

●課長「奥さんの趣味とかも調べてアプローチしているのですが、あと一歩というところなのですが……」

○部下「へぇ、すごいじゃないか。いろいろやってくれているんだね」

●課長「ご主人の同僚は昨年、うちのマンションを購入してくれているので、そっちからもアプローチしようと思っています」

●課長「すごいねぇ。A君の努力はいつかきっと花が咲くと思うよ」

○部下**（あ〜、課長に相談してよかった）**

部下はアドバイスではなく「共感」を求めている

アドバイスされると、話を聞いてもらったという気にはなりません。
しかし、フィードバックされると、話を聞いてもらったという気がしませんか。
上司からの言葉は、よほど気をつけないと『強要』になってしまいます。
部下が欲しいのは『共感』なのです。

もう一度言います。
「アドバイスをすることはすごくおこがましいこと」ということを意識してください。
このことを深くあなたに理解いただきたいので、ここでひとつ事例を紹介します。

Yさんは、大手住宅メーカー勤務で、入社から15年間、注文住宅の営業マンとして現場で活躍されていました。
現在は、ご本人の希望だった本社で人材開発のお仕事をされています。

累積引き渡し件数188棟、本社へ異動する前まで、9年連続で社長賞受賞というチームリーダー（店長）として素晴らしい成績を残しています。成績だけでなく、部下からの人望もあついYさんに部下の指導法についてお話を聞きました。

30歳の時初めてチームリーダーになりました。

自分で言うのもなんですが、入社3年目以降の成績は全社においてもずば抜けてよかったです。完全に天狗になっていましたね（笑）。

チームリーダーというのは、モデルハウス1棟を任され、自分自身はもちろんチーム員3〜4名の営業管理や数字管理を任されます。

当時は、若手だろうが、ベテランだろうが、毎月同じノルマを課されていました。人生で一番の大きな買い物のひとつですから、決して簡単な仕事ではありません。チームリーダーになってから私が本社勤務になるまでの9年間、私のチームにはずっと新入社員が配属されてきました。

ベテランでも大変な仕事なのに、大学を卒業したての子が、お客様の人生最大の買い物を任せられるわけですから、若い子は本当に大変だと思います。

リーダーになりたての私は、「自分の分身をつくろう」と新入社員を教育していました。

自分の指示通りに動けば契約は取れるし、お客様も幸せになれると本気で思っていました。

実際、結果はついてきました。営業成績で賞を取れば、本人の自信にもつながりますし、もちろん自分のチームの成績にもつながります。

ただ、新人にとっては、かなり怖い上司だったと思います。

理論的な性格なので、理詰めで部下を問いつめて。愛があってこそなんですけどね。今思えば、かなり歪んでいますよね（笑）。

ある年の4月、例年のように私のチームに新人が配属されました。

私、8年目の中堅社員、3年目の若手社員、新入社員の4人のチーム編成でした。

このチーム員がものすごくユニークな集まりだったのです。3名それぞれが、優秀だけど、吉にもなれば凶にもなる、といった思い出に残っているチームで。

その時に、「彼らを自分の思い通りに動かすのは無理だ」と思ったんです。同時に、「誰かを変えよう」とする自分のおこがましさに気づきました。


ベテランだろうが、若手だろうが、ましてや新入社員でさえ、20数年間生きてきて、「自分はこう思う」という信念やポリシーがある。それを尊重しようと思ったんです。

しかし同時に「自分が出来ないことを自覚させること」も上司の役目だとも思いました。

そこで「部下を尊重しながら、部下が成長する指導法」を模索しました。

私が辿りついたのが、アドバイスしたい気持ちをグッとこらえ、ひとつか、多くてふたつ、お客様の迷惑につながる部下の行動についてだけ「これだけは直そう」と伝える方法です。

それでも出来ない部下もいます。その時こそ怒るんです。「たったこれだけのことがなぜ出来ないのか」と。

それによって初めて部下は自分の怠慢さに気づくことができます。

それ以降、私も部下も共に成長できたように思います。もちろん結果もついてきました。

仕事ができる人は、ついつい自分の考えや価値観を、必要以上に部下におしつけてしまいますが、部下はいい迷惑ですよね（笑）

部下にアドバイスすることが許される3つの条件

Yさんがおっしゃるように、自分以外の誰かを思い通りに動かすことはできません。あなたのアドバイスは、〝部下のため〟ではなく〝自己満足のため〟になってはいませんか。

とは言うものの、部下を成長させることも上司の役目です。そのためには、たとえおこがましくとも、部下へのアドバイスが必要なときもあります。

では、本当にアドバイスをしなければならない場合について、私の持論をお伝えします。

アドバイスしていい場合は3つだけです。

① 仕事をまだ覚えていない
② 部下が上司に〝手法〟を教えてほしいと思っている場合
③ 放置すると「いい失敗」＝「いい経験」ではすまないくらい大事（おおごと）な場合

②③の時であってでもアドバイスする場合は、
「これって、アドバイスになるけどいいかな」

と部下に許可をとって、相手の聴く体制をつくってから話をしないといけません。

「仕事ができる部下」だった人ほど、いつの間にか「アドバイス上司」になってしまっている可能性は高いです。

こうした人は「部下として上司の期待に応えよう。役に立つ存在になろう」と一生懸命頑張ったはずです。だから上司になることができた。

実は「アドバイス上司」になってしまう人の多くは、「仕事ができる部下」だったときと同じ発想で、「部下の役に立つ存在になろう」と頑張っている人なのです。

少しでも部下の役に立ちたくて「自分の経験談」からアドバイスをするわけですが、部下からすればそのアドバイスは「上司の能力自慢」とうけとられてしまう。それに気づかずに、日常会話がアドバイスになっているリーダーもいます。

上司という仕事は「仕事ができる部下」の延長線上にはありません。まずはその発想を変えることが大切です。

「仕事ができる部下であった過去」を手放そう

多くの上司は自分のことを先のアンケートでいう『好きな上司』だと思っている。対して多くの部下は自分の上司は『嫌いな上司』だと思っている。

このギャップが生じる理由をご理解いただけましたか。

「仕事ができる部下」だった上司がやってしまいがちなのが、「必要以上のアドバイス」と「自分の能力自慢」です。

しかし**部下が求めているのは「共感」です。**

それを踏まえずに「部下は自分と同じ仕事観で働いてくれるはずだ」と考えるのは、はっきりいって甘えなのです。

あなたは、あなたのような部下になるように「強要」したがる。

しかし部下が求めているのは「強要」ではなく「共感」なのです。

「本当のリーダーになる」第一歩は、「仕事ができる部下であった過去」を手放すことです。まず、あなたがイメージしている、なんでもできるスーパーマン上司、つまり「できる上司」を辞める覚悟をしてください。

そして、いまあなたのなかにあるセルフイメージを下げてください。

それが、あなたのチームが最高の結果を生み出すための最初の一歩になります。

1 部下の話を聞ききる

今日から3日間、部下の話を聞ききってください。途中で口を挟みたくなっても、いっさいアドバイスをしてはいけません。

アドバイスしてしまったら、手帳にアドバイスしてしまった内容を記録しておきましょう。

あとでその手帳を、部下の気持ちになってみて読んでみてください。ものすごい気づきがあるはずです。

2 自分のセルフイメージを下げるセルフトーク

部下があなたの仕事を手伝ってくれたり、提案してくれたときに、

「あ〜、箸にも棒にもかからない私のためによくぞ……」

という言葉を心の中で唱えてください。

きっと、今までとは違う感情が生まれてくるはずです。

PART 2

「部下をほめる」はいますぐやめなさい！

アドバイスをやめたあと、次にするべきこと

あなたは部下に「アドバイスする」ことを卒業できましたか？

部下に普通に話しかけているだけなのに、ついつい「アドバイスになっている」という上司が少なくありません。


すぐに卒業できなくても構いません。

まずは「レッスン1」の「部下の話を聞ききる」を心掛けてください。話の途中で、自分の意見を言いたくなっても、ダメです。黙って、部下の話を最後まで聞いてください。

そして「レッスン2」の『あ〜、箸にも棒にもかからない私のためによくぞ……』を、心の中で唱えるのです。


さて、**「仕事ができる上司」がついついやってしまっている大きな誤りは、「部下を**

ほめること」です。

「えっ『ほめて伸ばす』はダメなの？」

「じゃあ、『怒ったり、叱ったりしろ』ってこと？」

と思ったのではありませんか。

職場のトイレを2週間、掃除をして得た私の学びとは？

まずは、私の話を聞いてください。

あなたは、職場のトイレを掃除したことがありますか。

私は自慢ではありませんが、職場のトイレを掃除したことがありませんでした。

もちろん、自宅もです。

ただ、自己啓発系の本に、トイレ掃除したら、

「臨時収入が増える」

「人間関係のトラブルが減る」

「なんかツイている出来事が起こる」

とか、

「成功している社長は、職場のトイレを掃除している」

と、書かれているのを読んだことはあります。

そんなこともあって、

「トイレ掃除には、やった人にしかわからないすごくいいことがあるのかもしれない」

「トイレ掃除をしたほうが良いことが起こるのかもしれない」

と興味を覚えながらも、これまできっかけもなく一度もしないまま日々を過ごしていました。

しかしあるビジネス研究会で「2週間、職場のトイレ掃除をしましょう」という宿題が出て、はじめてトイレ掃除をやってみることにしたのです。


いざトイレ掃除を始めたものの、やり方がわからないし、嫌で嫌でしょうがありません。もちろん、何もいいことなんて起きません……。

「なんで、俺がこんなことしなきゃなんないんだ。この時間があったら、もっと生産性の高い仕事ができるのに……」

「他の人が掃除をしたほうが、もっとトイレがきれいになるのに……」

とか、やればやるほど不平不満のオンパレードなワケです。


それがあまりにも苦しくて、毎朝、部下が出社するであろう5分前にトイレに入っては、

「いま俺、トイレ掃除していますよ〜」

と無言でアピールしたり、

「トイレ掃除しているんですか。すご〜い」

と知り合いに認めてもらいたくて、トイレ掃除しているところを、写真にとってフェイスブックにアップしたりしていました。

そうしないと、2週間ですら続けられないのです。

「2週間、トイレ掃除をする」と部下に宣言しているので、途中で辞めてしまうと、

負けた感もあって、「リーダーとしての本気をみせてやる」と心で思い、意地だけで2週間、トイレ掃除を続けました。

情けない話ですが、2週間のトイレ掃除によって得た私の気づきは「トイレ掃除をしたくない」という自分の気持ちだけでした。

研修会でそう報告した私に、講師の方はこう言いました。

「小っちゃい自分も出さずに、毎日黙々とトイレ掃除をしている部下の方に対しては、どんな気持ちですか？」

本当に情けない気持ちでいっぱいになりました。

その時、**部下に対して出てきた感情を表現するなら、それは『ほめる』ではなく『ねぎらう』でした。**

本来『ほめる』というのは、何か特別な行為をした人や、才能を持っている人に対して行われます。そうではない人をほめることはできません。

それを無理してほめようとすれば『おべんちゃら』という『うそ』が混じることになります。

「部下をほめなさい」という部下指導の方法がよくありますが、これにしても無理に『ほめる』とうそくさくなってしまいます。

無理していいところを見つけてほめたとしても、おそらく部下はその『うそ』を敏感に感じ取ることでしょう。

いっぽうで**『ねぎらう』というのは、相手の頑張りに対する感謝の気持ちです。**

相手が結果を出せていなくても、特別なことをしていなくても、どんな相手にも声がけすることができます。

トイレ掃除をはじめとした日常の行動についても「いつもありがとう」と自然に声がけすることもできます。

そこに気がついてからは、『ほめる』ということを無理して探すということをやめ、『ねぎらう』ということを意識するようになりました。

『ほめる』代わりに、上司がするべきことは？

『ほめる』ことは実は難易度が高いのです。
その理由は大きくわけてふたつになります。

難易度が高い理由―1　「**人は評価されたい思う相手からほめられたいから**」

あなたはボーナスを奮発して、ずっとほしかった高級腕時計を買いました。
そこに超リッチのAが来て、「いい時計しているじゃん」とほめてくれました。しかし、チラリとみえたAの腕には、同じ高級腕時計の限定品がついていました。これ、うれしいですか。

難易度が高い理由―2　「**本人がそう思っていないと嘘くさくなるから**」

あなたは最近、たるんできたお腹回りが気になっています。
会社のみんなで海水浴に行くことになり、水着姿になりました。そこにいつもジムで鍛えているBがやってきました。そして、あなたを見て、「なかなかひきしまったお腹しているじゃん」と言いました。これ、うれしいですか。

『ほめる』ことは『ねぎらう』ことよりも、使う状況と相手を選びます。それだけに『ほめる』というのは、難易度が高いことなのです。

その点、**『ほめる』よりも簡単で効果があるのが『承認』するというスキルです。**

『ねぎらう』というスキルも実は『承認』の一種です。

ところで『承認』には、『結果承認』『行動承認』『存在承認』という3つの種類があります。順にお話ししていきましょう。

『結果承認』は簡単です。

その人の良かった成果を認める。それだけです。

例えば、「こんな大きな契約をとってくるってすごいね」。

『行動承認』、これがいわゆる『ねぎらい』という承認。

「へぇ、チャレンジしているんだ。それだけでもすごいよ」
「いつもがんばっているね」
「いつもルールを守ってくれているね」

『存在承認』は、その人の存在そのものを認めるという承認です。

「Cさんがいてくれると、とっても助かるわ〜」
「Cさんがいてくれると、なんか安心するよね」

結果承認はどのリーダーでも自然にしていますよね。
実は『承認』のなかでも大切なのは『行動承認』『存在承認』の方なのです。
先ほどのトイレ掃除の話ですが、『行動承認』『存在承認』を使うとこうなります。

「Dさん、いつもトイレをきれいに掃除してくれてありがとう。Dさんの頑張っている姿が他のスタッフにも良い影響を与えてくれているよ。ありがとう」

承認スキルを習得しよう

『結果承認』しかしていない上司の方は、この『行動承認』『存在承認』を意識してみてください。

ここでも私の体験をシェアします。『存在承認』の話です。

毎朝、部下が出勤する時に私は「おはよう」って声をかけていました。

ただ、朝のその時間は事務作業が多いため、パソコンの画面に目をやりながら、声だけで挨拶していたのです。笑顔は意識していたので、それでいいかなと思っていました。

ある時、パソコンの調子が悪くて、部下が出社して来たとき、体を部下の方を向けて、目をみて挨拶をしました。

すると、「今日、ご機嫌なんですね」と何人かの部下に言われたのです。

パソコンの画面を見ながら挨拶をする私を部下は、「機嫌が悪そうだ」と感じていたんですね。

部下によっては、「目も合わせてくれない。昨日の私、なにかミスをして、怒らせてしまったのでは……」と不安になっていたかもしれません。

私の何気ない朝の態度が、どれだけスタッフのモチベーションを下げていたのかを知って衝撃を受けました。

「アドバイスをする」ことを止められたら、今度は「ほめる」だけではなく、「承認」というスキルを身につけてください。

あなたが何気なくしている日常会話のなかにも、この2つの落とし穴が潜んでいます。

あなたに「仕事ができる上司」を手放してもらうために、ひとつ提案があります。

それは「手帳をつけること」です。

これまで私が書いた本で紹介したノウハウで、多くの人が実践し、効果を実感していただいた内容です。
詳しくは次の章でご説明いたしましょう。

部下と話をするときは今日から毎日、手はひざに置いて、話を聞くようにしてください。

これは、「おはよう」「おつかれさま」といった挨拶も含めてです。

さらに、「いつも○○してくれてありがとう」と、普段目立たないけれど部下がしてくれていることを、声に出してねぎらってみましょう。

「ちょっと照れくさいなあ」と抵抗があるようなら、誕生日、入社日などの記念日に「いつも○○してくれてありがとう」と部下に伝えてみてください。

誕生日などの記念日は、行動承認、存在承認をする最大のチャンスです。

PART 3

「仕事ができる上司」を
やめるために、
『イライラ手帳』をつけよう

あなたの無意識の行動が、部下のモチベーションを下げている

あなたは無意識のうちに、「仕事のできる上司」を自己演出しています。
そう、「無意識のうち」というのがくせものなのです。
あなたは普段、このような行動を職場でしていませんか？

- **パソコンに向かって、眉間にシワを寄せる**
- **部下の話を、腕を組んで聞く**
- **仕事が一区切りつくと、ため息をつく**
- **「おはよう」「お疲れさま」を顔をみないで言っている**
- **「忙しいオーラ」を出している**

あなたは、こういったことを職場でしていませんか？

「えっ、それがどうしたの？」

「別に普通のことじゃないの？」

「私の上司もやっていたことだけど……」

そのような声が聞こえてきそうです。

しかし部下は、上司のこのような行動をよく見ています。

部下は上司のそんな行動を見ると、上司に話しかけるのを躊躇(ちゅうちょ)したり、もしくは会話の途中で話をやめようとします。

つまり、部下のモチベーションを恐ろしく下げる行動になっているのです。

あなたにそんなつもりはなくても、あなたの態度が部下のやる気に悪影響を与えています。


では、イライラがいかに悪影響を及ぼすのかをご理解いただくために、ここでもひとつ、事例を紹介します。

ある会社で営業所長をされているHさんは、私が書いた本に共感いただき、営業所長になりたての頃の苦い思い出を話してくれました。

初めて営業所長になった時のことです。

次長の時は、部下ともよくコミュニケーションをとり、人間関係も良好でした。

しかし、所長になってからは、目標を達成しなくてはと、数字に意識がいってしまい、外回りも増え、会社を不在にすることが増えました。目標数値に対する焦りと、業務管理だけでなく、部下の事務的なミスで毎日頭を悩ませていました。

「なぜこんなミスをするんだ」

「ミスはお客さまの信頼を失うから細心の注意をしなさいと何度言ったらわかるんだ」

と指示待ちの部下、指示をしてもその通りにやらない部下にイライラを募らせていき、自分の業務がどんどん増えていきました。

完全に負のスパイラルにはまってしまい、次第に余裕がなくなりました。

所長になって3ヶ月ほどたった頃に、ある部下から「所長、以前と変わりましたね」とか「最近、所長の目が怖いって噂になっていますよ」と言われました。

「そんなはずはない」と職場をみると、部下の顔から笑顔は失せ、職場はどんよりした空気に包まれていました。

部下からの忠告のおかげで現状を認識することができましたが、もし言ってもらえなかったら、自分のイライラが職場環境を悪化させていることすら気づくことができなかったでしょう。

ただ、気づいたはいいものの、業績はあげなくてはいけないし、お客様との商談で会社を不在にしなくてはいけない。職場環境や部下との関係を改善しなくてはいけないと頭では分かっていても、どうしていいか分からず、板挟みの状態がしばらく続きました。

そんな状態が続いたある日、またミスがあったと報告を受けました。

私はそのイライラを抑えることができずに、かなり不機嫌に仕事をしていました。言うまでもなく職場の空気は最悪です。

その時、ミスをした部下が私の所に来て言ったんです。「所長……すみませんでした」と。顔をあげ、その部下の顔をみた私は愕然としました。

彼は新入社員で、確かにミスは多かったけど、素直で明るい子でした。そんな彼が、青ざめ、怯え、声を震わせていたのです。

私はその時、自分の行動が部下をこんなにも萎縮させている重大さに気づいたのです。

「なぜミスが発生してしまうのか考えたか」「自分の想いをしっかり伝えているか」「指導を担当に任せっきりでなく、その担当役席のフォローはできていたか」、なにより、「皆と充分なコミュニケーションが取れているか」を自問しました。

私はそのミスをした部下と個別に話す機会を設けました。ミスの原因と解決策を話し合うことで、本人も理解し、ほっとしたようでした。

そして、このままではいけないと痛感した私は、「最近、イライラしてみんなに厳しく接して申し訳ないと思っている。本音で聞くけど、みんなは私のことどう思っているのだろう」と聞いてみました。

案の定、イライラしている私と話すのを恐がり、最低限の報告・連絡・相談で済まそうとし、仕事を楽しいと感じている者はいませんでした。

業績優先によって生じた部下と私の間の壁を壊すために、私の自分改革がはじまりました。

イライラしないこと、笑顔でいること、皆とコミュニケーションを取ること、自分の考えをしっかり伝え理解してもらうことを心がけました。

最初は引きつっていた笑顔も次第に自然に笑えるようになりました。

部署全体のコミュニケーションも増え、不注意からくるミスも、知識不足からくるミスも徐々に減りました。結果、皆のレベルアップにもつながり、業績も好転するようになりました。

結局、初めての営業所長ということで肩に力が入り、空回りしていたのでしょう。

部下と人間関係もできているし、何もしなくても皆がついてきてくれると誤解していました。

今は、皆で目標を共有し、「お客様のためになる仕事」を一生懸命する中で、皆が成長できる職場づくりに励んでいます。

部下のモチベーションを封じ込めているもの

いかがでしたでしょうか。

Hさんのお話に「もしかしたら自分も……」とドキッとした方もいるかもしれませんね。

このように、部下のモチベーションを封じ込めている最大の原因。

それは上司のイライラ感です。

わたしは、

「部下より先に挨拶する」

「部下と目が合ったらニッコリ微笑む」

「部下が良い仕事をしたら、大げさに喜ぶ」

「人前で部下を怒らない」

ということを意識して仕事をしているにもかかわらず、

「怖い顔して何考えているのですか?」

と、部下から言われることがありました。

あなたは『毛穴』からイライラをだしている

残念ながら、『毛穴』からイライラが出ていたのです。

そして、部下は私のイライラを敏感に感じ取り、上司である私の苦虫をかみつぶしたような顔色をうかがいながら仕事をしていたのです。


職場において、多くの問題は人間関係です。

いくら仕事ができる上司でも、イライラを周りにまき散らし、自分の機嫌悪さを周りにばらまいたりすると、部下はあなたのために働こうとは思わず、結局はあなたの元を去るか、最悪な場合は、あなたの反逆者になる場合すらあります。

上司であるかぎり、言葉や態度だけではなく、『毛穴』からイライラを出さないようにしないといけません。

イライラを出さないように意識することは、チームとして最高の結果を生み出すことになるだけではなく、あなたの身を守ることにもなります。

イライラを『毛穴』から出さないようにするためには、まず自分の感情に気づくことが大切です。

私はこれから紹介する『イライラ手帳』という方法で、自分の感情に気づくことができました。

自分の気持ちは、自分がいちばんわかっているつもりでしたが、あまりにも自分の感情に気づいていないことを発見し、ビックリしました。

人は意外と、自分の感情に気づかずに過ごしています。

そして、嫌な感情を人のせいにしたり、まわりにまき散らしているのです。

本来、人が感情を選択するはずなのに、知らず知らずの間に感情に支配されてしまっています。

そのことで、**上司であるあなたは無意識のうちに部下のやる気を奪い、部下に顔色**

をうかがわせることになっていたのです。

問題が起きていることに気づかないのが、一番の問題なのです。

イライラ手帳を始めてみよう

『イライラ手帳』は自分の感情の問題に気づく最も優れたメソッドです。用意するものは、スーツや仕事着のポケットに入る小さな手帳とペン。これだけです。デスクワークの方なら、大きなノートでもかまいません。

そして、仕事をしていて、「今、イライラしているな」ということがあれば、何に対してイライラしているのかということを、左のページになぐりがきでいいので書き込みます。

イライラしている時は、ゆっくり書き込んでいる時間がない場合がほとんどなので、自分だけにわかるような、一言でもかまいません。

そして、時間に余裕があるときに、右のページに、

「なぜそのイライラの感情が生まれているのか」

「どう考えなおせば、そのイライラが小さくなるか」

を書いていきます。


それでは私の『イライラ手帳』を公開しましょう。

『イライラ手帳』の使い方を理解していただけることと思います。

■私のイライラ手帳の使い方①

職場の床に大きなゴミが落ちていました。

でも、部下たちは気がついていないらしく、平気に行き来している。

『なんで気づかないのだろう』『拾う部下はいないのか』『自分の職場という自覚が足りないのではないか』『いや、気づかないふりをしているのかもしれない』と怒りの感情がこみ上げてきました。


仕事中で忙しくしているときだったので、手帳の左ページに「ゴミ」とだけ書きま

す。

仕事がひと区切りついて、少し時間に余裕ができたら、左ページの「ゴミ」と書いた下に、

「床にゴミが落ちていた」

「その上を部下が素通り」

と書き足します。

次に、**右のページに、何に対してイライラしているのかを記します。**

「**自分の職場という自覚が足りないんじゃないか**」

と書きました。

そして、さらにその下に、そのイライラが少しでも小さくなる方法を書きます。

そのときは、うまい解決法が見つからなかったので、とりあえず自分で拾ってみることにしました。

すると翌日も、床にゴミが落ちていました。

誰も拾おうとしないので、またイライラしてきたのですが、昨日より少し進化させて、勢いをつけて楽しそうに拾ってみることにしました。

イライラ手帳の使い方

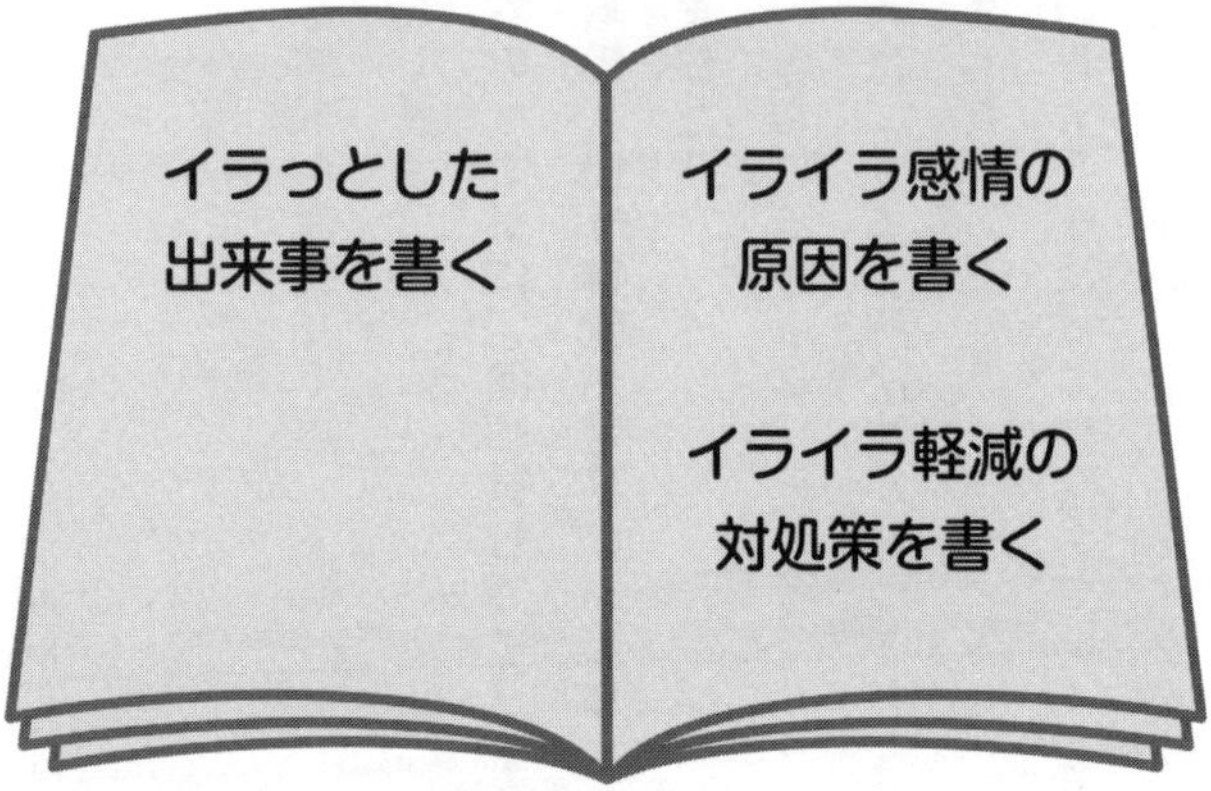

イラっとした
出来事を書く

イライラ感情の
原因を書く

イライラ軽減の
対処策を書く

（イライラ手帳の使用例）

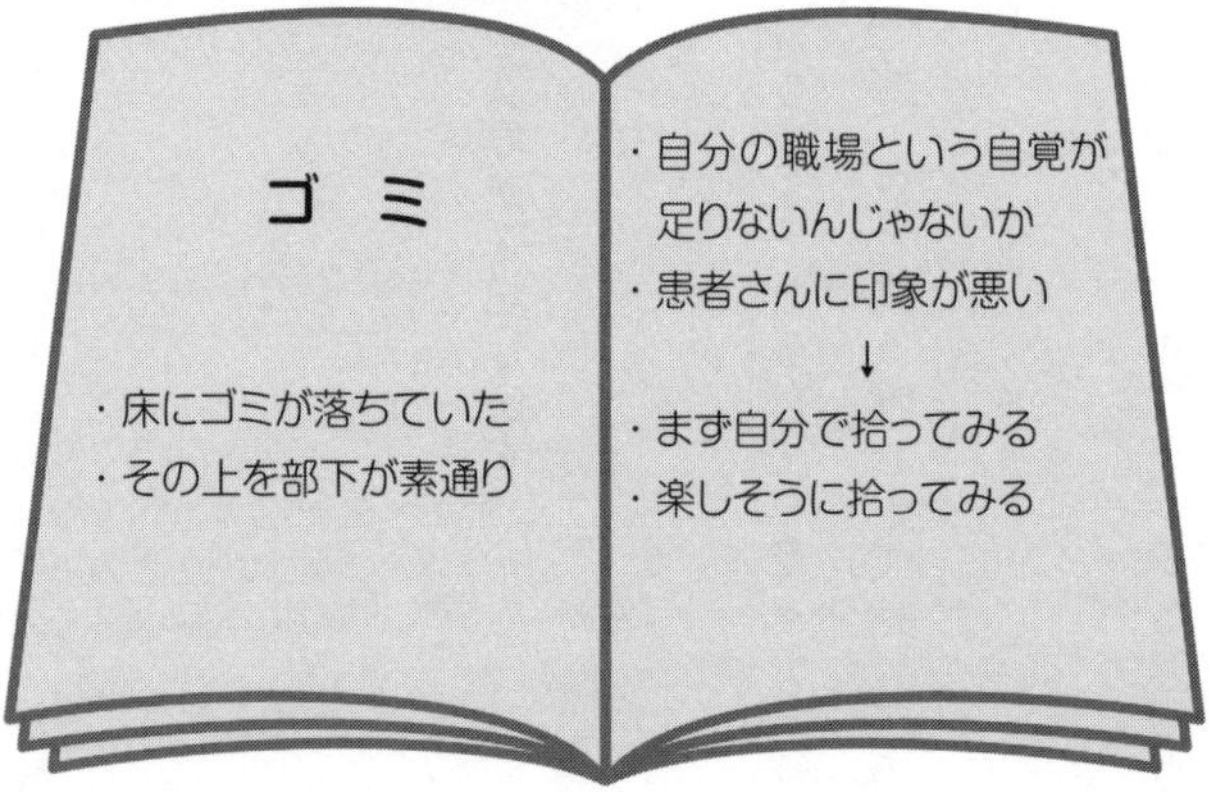

ゴ　ミ

・床にゴミが落ちていた
・その上を部下が素通り

・自分の職場という自覚が
足りないんじゃないか
・患者さんに印象が悪い
↓
・まず自分で拾ってみる
・楽しそうに拾ってみる

それまで、私はゴミを拾ったことがありませんでした。

上司がすることではなく、部下の仕事と決めつけていたのです。でも、自らゴミを拾うとなんだか気持ちが良いのです。

『自分の職場』という自覚がなかったのは、実は自分の方だと気づいたのです。

ゴミを拾うことがなんだか気持ち良く感じはじめた私は、ゴミを拾うことを続けました。

そうすると不思議と、部下が私より先にゴミを拾うようになったのです。

そのうちに、なんだかそれが自然のうちに職場内のゲームのようになり、ゴミを見つけたらだれでも走って行って、ゴミを拾うようになりました。

その結果、すごく職場の雰囲気が良くなりました。

このことで、**部下は私を映しだしている鏡であると気づいた**のです。

また、書いているうちに、相手の立場にたったり、相手を承認すると、少しイライラが小さくなるというルールも発見しました。

■私のイライラ手帳の使い方②

ある時、診療に使う材料がなくなり、医院の在庫を調べました。すると、必要な材料にもかかわらず、在庫がありませんでした。そのことで、患者さんに迷惑をかけてしまいました。

以前なら、在庫がないことに対して、部下を叱責し、プロとしての自覚の欠如を正しているところでしたが、イライラ手帳をつけている時でしたので、まずは手帳の左ページに、

『治療材料の在庫がない』

←

『しっかりと在庫管理しておかないと患者さんに迷惑がかかる』

と書きました。

そして、少し落ち着いてから、考えなおしました。

『まあ、私もよくそんなミスをするよな。いつも忙しいからやむを得ないか』

『ピンチをチャンスに変えるのが、リーダーの仕事。自分の責任ということで、患者に誠実に謝ることにより信頼関係を維持する』

ということを右ページに書きました。

この一件で、**相手に対してだけではなく、自分に対して承認すると、イライラが小さくなることを発見しました。**

■私のイライラ手帳の使い方③

年度末の忙しい時に、税理士から経費に関する書類の提出を求められました。整理整頓が苦手な私は、どこにしまい込んだかわからなくなってしまいました。

そこでまた左ページに、

『税理士に提出する書類が見当たらない』

←

『自分は、なんて整理整頓ができていないのだ』

と書きました。

そして少し時間をおいてから、もう一度その手帳を見て、

『そんなこともあるよな。あんな忙しかったらしょうがないような』（自分で自分を承認）

『今度から、いくら忙しくてもしっかり整理する』

と右ページに書きました。

結構、自分に対してイライラしているということがわかりました。そして、自分に対してもイライラ手帳が有効であるということがわかりました。

『イライラ手帳』を付け始めてだいたい10日間ほどすると、毎日ほとんど同じようなことにイライラしていることがわかります。

そして、それをカテゴリーわけして、同じようなことにイライラしたら、どういうふうな対応策を右ページに書いたかを思い出すようにします。

そうすると、イライラが『毛穴』からでるのも、極端に少なくなっていきます。

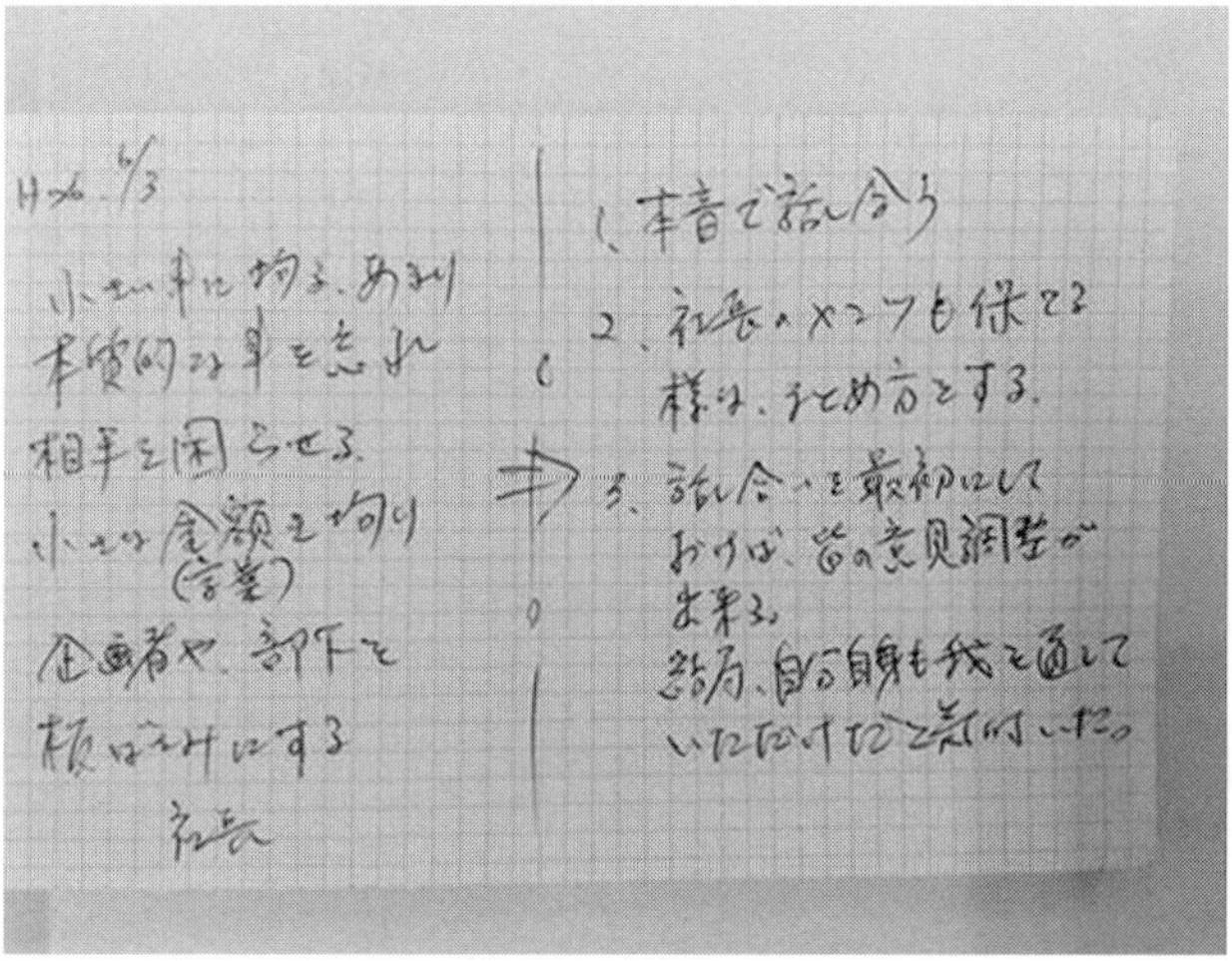

講演会で『イライラ手帳』の話をしたところ、数日後に実際に取り組んでくれたMさんからメールをいただきました。イライラ手帳の写真付きです。

Mさんは、運送会社に勤めています。その会社の社長は決断力がないというか、なかなか方向性を示してくれないそうです。そのため、何か社内で案件が出た場合、立場上、中間管理職であるMさんが旗振り役をすることになります。

すると社長から反対意見が出ることがあります。

「社長が方向性を出さないから、私がわざわざ旗振り役をやってるんだろ！　反対するくらいなら、社長が自分でやればいいんじゃないのか！」

とイライラし、不満を感じることがたびたびあった、とのことです。

そこでMさんはイライラ手帳をつけてみました。

イライラ手帳をつけることで、冷静になり、次のことに気づいたと言います。

・私の本音を社長に話す機会をちゃんとつくったほうがいい
・自分が旗振り役をしながらでも、うまく交通整理し、あたかも社長が中心となるようにもっていくこともできるはず
・旗振りをする前に、社長に相談する形をとって事前調整をして、意見が分かれないように根回しする方法もある

社長が悪いと思っていたのが、実は自分に原因があると気づいたということで、私にメールをくださったのです。

ところで『イライラ手帳』には注意事項があります。

この手帳がお姑さんの目に留まり、大変なことになった女性の方がいらっしゃいます。くれぐれも取り扱いは、自己責任でお願いします（笑）。

仕事中にすぐに書き込めるように、小さなノートとペンを用意します。

イライラしたなと感じたら、左ページにその内容を書いていきます。

そして右のページに、そのイライラが小さくなるような方法を書きます。

時間のあるときにイライラを分類わけしてください。

私の場合『自分に対してのイライラ』『人に対してのイライラ』『環境に対してのイライラ』に分類しました。イライラを分類することで、イライラが『毛穴』からでなくなっただけでなく、職場の改善策がいくつもできました。

・在庫切れでイライラした
↓残り1箱になったら注文する仕組みをつくった
・部下の「はい」という返事に元気が感じられずにイライラした
↓「はい」のあとに必ず一言を添えるというルールをつくった
・イライラするのに、原因はわからない
↓そんなときは、自分のデスクを整理整頓するという決まりをつくった

PART 4

「できる上司」をやめたら、部下は働きだし、売り上げが伸びた

「仕事ができる上司」から「本当のリーダー」に変わるための10のルール

あなたはまず「仕事ができる上司」が無意識でやってしまっている「アドバイスをすること」と「ほめること」をやめました。

そして、『イライラ手帳』を書くことで、『毛穴』からイライラを出すこともやめることができたはずです。

ここからが「仕事ができる上司」を手放していく本番です。

「仕事ができる上司」から「求められるリーダー」「愛されるリーダー」「支えたくなるリーダー」「ついていきたいと思わせるリーダー」になってみませんか？

これらの理想のリーダーを「本当のリーダー」と呼ぶことにしましょう。

「本当のリーダー」になるためには10のルールがあります。

ひとつずつ説明していきましょう。

ルール1

部下の昼ごはんのことを一番に考える

Aチームは、会社の将来をかけた大きなプロジェクトの企画を、同じ事業所内のBチームと競っています。

その企画書の提出期限が今日の午後3時です。

Bチームは午前中から続けていた会議を12時で中断し、昼休みに入りました。

Aチームはリーダーの判断で昼休みを返上し、企画会議を続けました。その甲斐あって、Aチームが提出したプロジェクト企画が通りました。

Aチームのリーダーは部下を集めて言いました。

「みんな、ありがとう！　みんなのおかげで、我がAチームの企画が通りました。このあいだはお昼休みも充分にとれなかったし、今晩はわたしがおごりますので、居酒屋で乾杯しよう。みんな楽しんでください！」

Ａチームのリーダーはご満悦です。

きっと、チームのみんなも満足していると思っているのでしょう。

そして、ライバルチームに勝ち、会社にも貢献した、優れたリーダーだと自負していることでしょう。


はたして、そうでしょうか？

ひょっとしてあなたがまだ「仕事ができる上司」のままであるなら、Ａチームのリーダーのことを「仕事ができるリーダー」と判断するでしょう。


でも、部下からはこんな意見が出ているかもしれません。

「もう！　うちのチームのリーダーはサイテー。会社の近くに新しいパスタのお店ができたから、今日はそこでお昼ごはん食べようと思って、朝から楽しみにしていたのに。お昼休み返上って……。しかもお昼じゃ、残業代もつかないじゃない。そして夜はリーダーの自慢話を聞かなきゃならないなんて……。もうＢチームの方が絶対よかった」

ここで、あなたにしっかりと認識しておいてほしいことは、**お昼ごはんに対する重要度の違いです。**

責任ある立場の人にとって、お昼ご飯はたいした問題ではありません。忙しいときには簡単なものですませたり、お昼抜きということもあるでしょう。実際の仕事に比べると重要度は低いものです。

しかし責任のある立場から遠い存在の部下ほど、お昼ごはんの重要度は高く、優先順位が上に位置しています。

特に女性にこの傾向は強く、朝出社する前からお昼休みに誰と何を食べるかを考えています。

その日の最重要事項であるといっても過言ではありません。

その昼食を軽んじたりすれば、部下の恨みは100倍です。

あなたが「仕事ができる上司」を手放し、部下のモチベーションを高め、部下の能力を最大限に引き上げる最強のチームをつくるには、「お昼ごはんの大切さ」をしっかり考えられるかどうかが、大きな要素となってきます。

ルール2 仕事中の私語をOKにする

主に男性上司が女性部下に対するときに感じる仕事上の違和感として、仕事中の私語の多さがあります。

「いったいいつ本題に入るのだろう」

女性同士の会話を聞いていてそう感じる男性は、私だけではないでしょう。ものすごい「雑談力」です。

男性上司から見ると、この私語、いわゆる雑談が、仕事をさぼっているようにしかうつらないのですが、『雑談』を軽視してはいけません。

雑談のなかにはその部下の考え方をつかむための「価値観」が隠れています。たとえば、こんな雑談を聞いたことはないでしょうか。

○部下C「今日、スーパー○○の野菜ジュースが1本5円安くなっているので、買いに行こうと思っているの」

この雑談からは、部下Cは、1本5円のために少し遠くのスーパーまでわざわざ行くような価値観を持っていることがつかめます。あるいは、こんな雑談はどうでしょう。

○部下D「昨日はゴメン。急に休んで。子どもが中耳炎になってしまって……」
○部下E「中耳炎かぁ〜、子どもさん。かわいそうね。夜も痛くて起きたりするんじゃない。大変やねぇ。寝不足と心配で、疲れがたまっているんじゃない?」

部下Eは、すぐに相手の立場になって、具体的に共感できる共感力を持っている。「この共感力はお客さんと応対するようなときにすごい強みになる」と、雑談を通して部下の適性や能力にも気づくことができます。

このように、雑談をなめてはいけません。

雑談のなかには、「宝」が埋もれています。

「部下がそろそろ結婚を考えている」

「部下がそろそろ子どもが欲しいと思っている」

「部下の親に介護が必要になって悩んでいる」

「部下の性格や強みを把握できる」

「上司に報告するまでもない小さなクレームがある」

すべては「雑談」が教えてくれるのです。

結果的に、

「部下の悩んでいることがわかったり」

「部下の退職の気配を感じとったり」

「部下を適材適所に配置することに役立ったり」

「業務上のトラブルを未然に防ぐことができる」

こともあります。

雑談を禁止するのではなく、雑談を歓迎するリーダーになってください。私語OKの職場の方が、部下はノビノビと仕事をします。

さらに、

「上司もその雑談の輪のなかに入る」
「上司が一番雑談する」

という職場になれば、雑談の延長でいつの間にか、業績があがるための意見や、職場環境がよくなるような意見が出ることにつながっていきます。

ルール3 上司のあなたが最初に帰る

営業部のF部長はいつも最後まで職場に残っています。管理職なので、当然、残業代はつきません。

実は、取引先との窓口は部下がすべて担当しているので、実際の仕事はそれほどないのです。

F部長は部下から、

「部長は残業代もつかないのに、いつも私たちのことを見守るために残業してくれている。やっぱり安心感があるなあ。部長ありがとう」

と思われていると信じています。

最後まで職場に残って仕事をする――。
F部長はそれが上司としての責任だと思っています。

しかし、部下たちは「部長、頼むから早く帰ってくれよ」と心の中で祈りながら、仕事をしているふりをして、彼女や彼氏に『部長がまだ帰らないから、もうちょっと待って……ゴメン』みたいなメールを送っているかもしれません。

こっそりパソコンゲームをしている、なんて話も聞いたことがあります。

はっきり言いましょう。

部下は部長がいると帰りにくいのです。

部下のプライベートが充実するように配慮する。

これがリーダーに求められていることなのです。

ルール4 上司は非効率を意識する

「仕事のできる部下」だった上司は、効率を考えて仕事をします。

なぜなら、自分が部下だったころから効率的に仕事をする習慣を身につけ、個人の能力を高め、仕事で結果をだしてきたからこそ、上司になることができたからです。

「仕事のできる部下」だった上司は、効率が身についてしまっているのです。

そのため学習能力の高いマウスのように、最短で迷路から脱出する方法を常に探してしまう傾向があります。

たとえば、こんなことはないでしょうか。

結論から話をしない部下に対して、

「それで、結論はどうなんだ。私も忙しいのだから結論から話すように！」

と言ったことはありませんか？（督促上司）

また、部下の話を聞くときに、パソコンのキーボードを押したり、書類に目を通しながら聞いたことはないですか？（ながら上司）

部下の話を途中で奪ってしまう（話泥棒上司）**聞き。**


これすべて、効率が身についてしまうからやってしまうのです。

「督促上司」

「ながら上司」

「話泥棒上司」

この3タイプの上司の元では、部下は成長しません。

ところで**「できる上司」が最も苦手なことが『待つ』ということです。**

「できる上司」は、効率を求めることが癖になってしまっているため、〝自分でしてしまう〟のです。

その行動が、部下を能無しにしてしまい、自分に業務が集中するという循環を招きます。

そして、あなたは毎日イライラしながら目の前の業務に追われることになります。

『待つ』ってそんな悠長なことできないよ。常に業務に追われているんだ。

そんなあなたの声が聞こえてきそうですが、『待つ』をしない限り、部下は育ちません。

『待つ』ことによって、部下が育ち、あなたの時間ができます。

勇気をもって『非効率』の時間を待ちましょう。

ルール
5

上司が一番無理をしない

あなたは一人で砂漠を旅しています。そして道に迷っています。

いつまでたっても目的地が見えません。喉がカラカラです。

少しずつ飲んでいた水筒の水ももうなくなってしまいました。


ものすごく強い日差しがあなたを照らし続けます。

「水が欲しい……。水が欲しい……」

あなたはうわごとのように、繰り返しています。


砂漠に一人の老人がうずくまっていました。

骨と皮だけの痩せ細った体で、かなり弱っている様子です。

気の毒に思いながらも、あなたは老人の横を通りすぎようとしました。

その時、老人が、

「先ほどから、水が欲しいと呟いていたな」

と震える手で、わずかに残った水をあなたに差し出しました。


なんと美しい心をもった老人でしょう。

あなたに大切な水を差しだしてくれたのです。


さすがにあなたは、水を受け取ることができませんでした。

老人に感謝しつつ、

「ご老人、この水はどうかあなたがお飲みになって、少しでも元気を出してください」

と老人に水を返しました。

そしてあなたは、また、

「水が欲しい……。水が欲しい……」

と再び歩き始めました。

すると、いかにも裕福そうな男性がラクダに乗りやってきました。

ラクダには大きな水瓶が積んであります。

あなたは、男性に懇願しました。

「お願いです。あなたの水を少しでいいので、私に分けてください」


『自己犠牲』と『与える』ということについて考えてみましょう。

老人はなけなしの水を、自分が我慢してでも、あなたに与えようとしました。


あなたは、水はもらいませんでした。

もしもらっていたら、あなたはものすごい罪悪感を持ってしまうことでしょう。

ラクダに乗った男性は有り余るほどの水を持っていました。

男性があなたに水を分け与えてくれたら、あなたは思わず「ありがとう」という言葉を口にするでしょう。

さて、私があなたに伝えたいことがわかりましたか？

上司はこの老人のようになって、部下に罪悪感を持たせてはならない、ということです。

つまり上司とは、ラクダに乗った男性のように、あふれるものを『与える』存在であらねばならないのです。

残業している部下に対しては「君は早く帰りなさい。私が残ってやっておくから……」。

クレームを言うお得意さんと応対している部下に対しては「君はもういいよ。面倒なお客は私が対応するから……」。

昼休みを返上して仕事をしている部下に対しては、「君たちは昼食をとってきなさい。私が昼飯抜きで仕上げておくから……」。

上司にそう言ってもらった部下は、

「さすが○○さん。ありがとうございます」

「○○さんがあれだけ頑張っているから、私たちも頑張るぞ」

とは思ったとしても、部下には罪悪感が残ります。

そして、罪悪感の元で、義務感から働くようになってしまいます。

長い目で見れば、「リーダーがお昼休みをとらないのに、部下の自分だけがゆうゆうと昼食はとれない」のです。


あなたが無理をして頑張れば頑張るほど、あなたの部下は苦しくなるのです。


あなたが楽しく笑顔いっぱいの職場をつくりたいと願うなら、あなたが一番楽しそうで笑っている状況をつくらなければなりません。

つまり、リーダーは「あなたが砂漠で会った、ラクダに乗った男性のようにならなければならない」のです。

シャンパンタワーでは一番上のグラスからあふれて、はじめてその下のグラスにシャンパンが注がれていきます。

シャンパンタワーと同じように、あなたが、無理なく、楽しく仕事をしているように見えないとダメというわけなのです。

ルール6 部下からの不平不満を前向きに受け止める

部下をあなたの手足のように扱いたいなら、部下の不平不満は禁じた方がよいでしょう。

不平不満がでれば、あなたはイライラし、そして当然、チームの雰囲気は悪くなります。

しかし、部下の能力を尊重し、得意分野を活かして、チームとして最高の成果を求めるのであれば、あなたの考え方と違う部下の意見は、むしろ歓迎すべきなのです。

中途半端なポジティブ論者は、ネガティブを排除しようとします。

例えば、こういうケースです。

部下Gは、認知症の実母と一緒に暮しています。

最近、実母の認知症がひどくなり、油断すると真夜中に一人で外に出て行くようになってしまいました。

普段は妻が介護をしてくれているのですが、妻も過労で体調をくずしぎみです。G自身も介護や家事を手伝ったり、妻の愚痴を聞いたり、余裕のない毎日です。

そんな時、上司である課長から、大きな商談につながるプレゼンを任されました。課長は部下Gの将来のことを思って、プレゼンに挑戦するチャンスをGに与えてくれました。

せっかくのチャンスなのですが、今このプレゼンを引き受けてしまうと、中途半端な出来になって会社に迷惑をかけてしまうかもしれません。

部下Gは、課長に相談に行きました。

○部下G「課長、先日のプレゼンの件ですが……」

●課長「どうした?」

○部下G「実はいまプレゼンに集中できるような状況ではありません。もし可能なら誰かに代わってもらうことはできないでしょうか」

●課長「そうかぁ。もちろん代えることはできるけれども、私はこのプレゼンは、君のためを思って、君に頼んだのだよ……」

○部下G「でも、今はちょっといっぱいいっぱいです」

●課長「何を言っているんだ。君ならできる。きっとできるよ。とにかくやってみるってことが大切だよ」

○部下G（課長には何を言っても無駄だ……）

中途半端なポジティブ論者は、部下の「助けて！」というサインを見逃してしまうことがあります。

もう部下が相談してこなくなります。するといずれトラブルが発生するか、最悪の場合、部下が退社を決断することにもなりかねません。

こういうケースもあります。

会社が中高生向けの商品を開発して、広報部の新人2人がＰＣ用のホームページを制作することになりました。

広報部の新入社員HとIが話しています。

○社員H「中高生ってパソコン使わないよね。なのにパソコンのホームページ制作って……。そこにこんな経費かけるって無駄じゃない？　せめてスマホサイトならやりがいがあるんだけど……」

○社員I「そうよね。どうせやるなら意味がある仕事したいよね」

そこに、広報部長がやってきました。

●部長「おいおい君たち。うちの部署は不平不満禁止だぞ。頼まれた仕事に全力を尽くしなさい」

中途半端なポジティブ論者は、こうやって部下からの提案を聞き逃すことも少なくありません。

部下の不平不満に耳を傾けることによって、新たなビジネスチャンスを見つけたり、無駄な経費を削減できることもあります。

この広報部長が本当のポジティブ論者ならこうなると思います。

社員H 「中高生ってパソコン使わないよね。なのにパソコンのホームページ制作って……。そこにこんな経費かけるって無駄じゃない？　せめてスマホサイトならやりがいがあるんだけど……」

社員I 「そうよね。どうせやるなら意味がある仕事したいよね」

そこに、広報部長がやってきました。

部長 「えっ、そうなのか。もう少しその話聞かせてくれる」

社員H 「中高生どころか、私の友達ももうパソコンで検索ってほとんどしませんよ。スマホで充分です。パソコンのホームページをつくるより、スマホサイトを充実した方がよほど効果があると思います」

社員I 「スマホサイトならSEO対策の費用もずいぶん安く抑えられるって聞いたことがあるなあ」

部長 「スマホサイトかぁ。もっと詳しく教えてくれないか？」

突然ですが、ここでクイズです。あなたの周りには『赤いもの』はいくつありますか？　10秒、数えるあいだにおぼえてください。
いいですか。
1、2、3、4、5、6、7、8、9、10。
はい、終了です。では、目を閉じてください。
『赤いもの』はいくつありましたか？

もうひとつ質問します。
そのとき『青いもの』はいくつあったかわかりますか？

私がクイズをだした意味がもうおわかりですね。
人は見ようとするものしか見ていないのです。
目には見えていたとしても、意識の中に入ってこないのです。

部下の不平不満は、あなたに見えていないものを教えてくれているサインなのです。
本当のポジティブ論者は不平不満を前向きに受け止めます。

ルール 7

部下に期待しない

私の経験談です。

子どもが生まれたばかりの頃、香港に研修に行きました。

お土産屋さんで、かわいいうさぎの置物を見つけました。

兎年に生まれた子なので、「これはいい」と思い、お土産に買って帰りました。帰宅し、それを子ども（と言っても0歳の赤ん坊ですが）に見せると、大泣きを始めました。

ものすごく嫌がって泣くのです。

「ははは、これが怖いのかぁ～」と私は、怖がる子どもをかわいいと思いました。

そこに妻が飛んで来て、

「あなた！　こんなもの子どもに見せたら、夜泣きが始まるじゃない」

と、なかばあきれたように言いました。

せっかく子どものために買ってきたお土産を、妻にそんな言い方をされ、私は腹をたてました。そして結局、喧嘩になってしまいました。

お土産を買ってきて嫌がられた、という事実は同じなのに、子どもに対しては『かわいい』という感情がわき、妻に対しては『腹立たしい』という感情がわいたのです。

ここに大きな学びがあります。

実は、対人関係はすべて自分に責任があります。

あいつは腹が立つ部下だ。

こう思うのは「あなた側に責任がある」ということです。

「いやいや、そう言ってもあいつだけは誰が見ても腹が立つヤツだよ」

「絶対、あいつ自身に問題があるよ」

という人が、あなたの頭に浮かんだかもしれません。

でも、そういう人にも友達はいたりするものです。

その嫌なヤツには、あなたが『嫌なヤツ』というレッテルを貼っているだけなのかもしれません。

もちろん、相手の行為が、『腹が立つヤツ』を感じるきっかけになることはあります。

でもやはり、対人関係は自分が決めているのです。

ではなぜ、子どもには腹が立たず、妻には腹が立ったのか。

それは、妻に「まぁあなた。仕事で忙しいなか、お土産を買ってきてくれてありがとう」という言葉を期待していたからです。

相手に期待するから腹が立つ。

ここがポイントです。

リーダーは部下に手を差し伸べるまで、が責任なのです。

その手を取るかどうかは、部下の選択です。

なぜなら、部下にも失敗する権利があるから。

部下があなたの手を取って、成功することを喜ぶ。

部下があなたの手を取って、失敗することも喜ぶ。

部下があなたの手を取らずに、成功することも喜ぶ。

部下があなたの手を取らずに、失敗することも喜ぶ。

あなたは、部下の助けを求める声に反応して、手を差し伸べるだけです。

受けとることを期待してはいけません。

お土産のうさぎの置物。今見ると確かにこわい……。

ルール8

部下と意識を合わせない

上司と部下はお互い『対等』です。

上司が偉くて、部下が下だといった上下関係ではありません。

役割こそ違うものの、どちらのほうが重要という関係でもありません。お互いが同じように価値を持ち、その価値を認め合う。それが上司と部下の関係です。

あなたが上司で、相手が部下であっても、それを踏まえて対等につきあう。それが大前提になります。

しかし『対等』とは、「上司の意識を部下のところまで下げる」ということではありません。

目線を合わせることは大事ですが、意識を合わせてはいけないのです。

トイレ掃除の話を先ほどしましたが、トイレ掃除は「上司の仕事」ではありません。トイレ掃除をやってみることは、すごく意味のあることだと思います。部下と目線を合わせるために、という意味では。

しかし、業務としては、「上司の仕事」ではありません。

上司としての意識をもってするのではなければ、トイレ掃除は「上司の仕事」にはならないのです。

上司は上司としての仕事をしっかりする。

部下は新入社員であったとしても、自分にできるベストをつくしてはじめて『対等』です。

上司が部下の意識まで下がって仕事をしてしまうと、上司の仕事は圧倒的に増えてしまい、上司は「上司の仕事」に使う時間が少なくなってしまいます。

上司は「上司の仕事」をしっかりする。
部下も「部下としての仕事」をしっかりする。

上司の仕事とは、上司にしかできない仕事です。
どちらの方向に向かって進むのか。
そのために部下の誰に何を指示すればいいのか。
それを決めるのが、上司にしかできない仕事です。

そのことを、お互い上下関係ではなく、人間としての対等感を持つことで、上司は上司としての時間が生まれて精神的な余裕ができ、部下にやりがいを与えることができるようになり、部下の失敗を喜ぶ余裕ができるようになるのです。

上司と部下。どちらが上とか下とかではありません。

かといって上司が意識を下げて、部下に合わせるのでもありません。

上司は上司としての仕事をしっかり行う。

その結果、自らチャレンジし成長するチームになります。

ルール9 自分のニーズを言葉で伝える

結婚したばかりの頃の話をします。

私は晩酌をします。でも、その日は仕事がたまっていたため、お酒を飲まずに夕飯を済ませて仕事を片づけてしまおうと考え、妻にそのことを言って出勤しました。

帰宅すると、食卓に並んでいるおかずが、焼き鳥と刺身なのです。

このメニューは、私の中では完全に晩酌のアテです。

心の中で「晩酌しないっててちゃんと言って家を出たのに、このおかずはないだろ」

と思いました。

呑みたい気持ちを抑えるのと、言ったことに応えてもらえなかった悲しさから、私は急に不機嫌になりました。


でも、妻には、私が不機嫌になった理由がわかりません。

なぜなら、妻はエスパーではないからです。


不機嫌や怒りの下には、悲しみがあります。

さらに悲しみの下には、期待があります。

期待とは、相手に勝手にはりつけた思い込みです。

心の中で勝手に期待して、勝手に不機嫌になったり、怒ったりしている。


「言わなくてもわかってよ」という甘えが、私の不機嫌をつくりだしていたわけです。

「晩酌しないっていったら、カレーライスとかハンバーグでしょ。それぐらいわかってよ」という心の声が、私をそんな態度にしてしまったのです。

実家では、焼き鳥や刺身がご飯のおかずだった妻には、私が不機嫌になった理由はわかるはずもありません。

繰り返しますが、妻はエスパーではないからです。

しかし、「今日は、晩酌はしないからカレーかハンバーグだったらうれしいな」と私がひとこと言っていれば、楽しい食卓となったはずです。

同じように、あなたの部下もエスパーではありません。

言葉では発せられていない、あなたの不機嫌の意味をくみ取ることはできないのです。

「仕事ができる上司」ほど、部下にエスパーになることを求めています。

「この場合、コピーって言ったら、カラーコピーに決まっているだろ！」

「年度末になんで有給休暇の書類をだしてくる？　何を考えているんだ！」

「あの顧客はせっかちなんだ。わかっているだろ。早く連絡しろよ！」

『察しろよ』という、あなたの心の声は部下には伝わりません。

繰り返します。なぜなら、部下はエスパーではないからです。


怒りの下の悲しみ。さらに悲しみの下の期待。

いままで口にしてこなかった、この「期待」の部分を、言葉で伝えるということを意識することが「本当のリーダー」への道です。


「○○だったらうれしいな」

「○○してほしいな」

「○○をお願いしてもいい？」


その言葉があるだけで、あなたのストレスはかなり減ってきます。

ルール10

任せる

あなたが勇気をもって「仕事ができる上司」を手放し、「本当のリーダー」を目指し始めると、組織は変わり始めます。

私の経験では、「本当のリーダー」を目指して、3か月ほどしたくらいから組織は変わり始めました。

はじめは、部下も様子を見ています。
「気まぐれで何か変えようとしているんじゃないの」
「また、もとの上司に戻るんじゃないの」
と、上司の変化を、信じていいのか疑心暗鬼の期間があります。

私の場合もそうでした。

それでも、頑張って「本当のリーダー」を目指し続けると、3か月くらいした頃から、部下の働き方が変わってきました。

笑顔が増え、職場の雰囲気がすごく良くなってきたのです。

部下との距離がすごく近くなった感じがありました。そして、相互の信頼関係が出来上がってきたのです。


「自分が変わる」と決断する。

時間差をおいて部下が変わってくる。

全員が一緒に変わってくるのではなく、一人二人というように徐々に変わってくる。

いつの間にか、信頼関係が深くなっていく。

時系列でみるとこういう経過をたどります。


「自分が変わろうとしても、部下が変わらなかったらどうするの？」

あなたは思うかもしれませんね。

もし変わらなかったら、それはあなたが部下を信頼していないからです。

「自分が信頼しても部下が変わらなかったらどうするの？」

あなたは思うかもしれません。

変わらなくてもいいじゃないですか。少なくともあなた一人は成長しているのですから。

トイレを素手で掃除することで有名なイエローハットの創業者、鍵山秀三郎さん。いまやその活動は日本だけでなく、世界に広がっています。

そんな鍵山さんも10年間は1人でトイレを掃除をしていたそうです。10年過ぎたくらいから1人、2人と同調者がでてきて、20年過ぎたころには、大方の社員が同調してトイレ掃除をするようになったそうです。

「仕事ができる上司」をやめるということは、いままで自分が抱えてきた仕事を部下に任せる。ある意味で「仕事をしない」ということでもあります。「自分がやらなくて本当に大丈夫だろうか」という不安もあるかもしれません。

しかし、あなたが、『任せる』ことは、きっと素手で世界各地のトイレを掃除するような、ハードルの高いことではないはずです。

大丈夫です。「職場を変えていきたい」というあなたの想いには、必ず同調者、応援者が出てきてくれます。


『任せる』に一番大切なことが、お互いの信頼関係。

信じて、任せる。あとは信じて待つ。任された方は、『責任』と『信頼にこたえる』ために一生懸命努力する。そうすることで、お互いの信頼関係が育っていきます。これが仕事を任せていくことの極意です。


この章の最後に、ひとつ事例を紹介します。

拙著『指示待ちスタッフが変わる仕組み』の読者から感想文が送られてきました。送り主はなんと高校生。この本はビジネス書で、経営者やリーダーを読者対象として書きました。

自分の子ども世代の読者が読んでくれていたという驚きと、その感想文が素晴らしかったので、ぜひ会ってみたくなり、連絡をとりました。

彼の名前は岡本慶太郎さん。お会いした当時（２０１４年11月）、受験まっただ中の高校3年生でした。

彼が通う、京都府にある洛南高等学校は、真言宗系の高等学校として随一の進学校であり、バスケットボールやバレーボール、体操、陸上競技、吹奏楽などの部活動も全国レベルで活躍している文武両道の学校です。

体育祭の応援団長を務めた話をしてくれました。


僕たちの学校の体育祭は、中学と高校が合同で行う学校一のビックイベントです。赤、青、黄、緑対抗で順位を競うのですが、競技だけでなく、応援団による5分の演技が体育祭の大きな目玉になります。演技も順位がつき加点されるので、どの組も本気で取り組みます。

応援団長には、クラスメイトの後押しもあり、立候補しました。応援団は団長１名、副団長5名、構成部と指導部で20名とその他の3年生、1、2年生の立候補者の計１５０名で構成されます。

団長に就任した9月1日から、曲を決め、5分間3部構成のダンスをつくり、それを3年生が覚えた後、後輩に指導しました。150名が完璧なパフォーマンスを披露する体育祭本番まで3週間しかありません。

応援団長の役割は『優勝に向かって全体の士気をあげ、まとめること』ですが、僕たちは『曲を決める』という最初の段階で若干もめていました（笑）。他の組はすでに練習をはじめている中、僕たちは曲やダンスを決めていたので、本当にどうなることかと思いましたね。

進めていく中で、僕の中に優勝以外の目標が芽生えました。

それは、体育祭が終わった後に下級生が「来年も応援団をやりたい」と思えるような経験をして欲しいということです。

そのためにも、僕が自身の中で決めていたのは、『皆を信じて任せる』ということです。

それまで学級委員とか生徒会長とか部活のキャプテンとかをやらせてもらったけど、自分の価値観をおしつけて、いろいろな失敗をしましたから。

簡単なことではなかったですが、それぞれに役割をたくし、担当者を信じて任せたんです。

そのおかげで、自分のやるべき仕事を全うすることができました。団長の仕事は『優勝に向かって全体の士気をあげ、まとめること』です。

150名の高校生が集まれば、すぐできる人もいれば、できない人もいます。おしゃべりで話をきかない人もいれば、何かとネガティブな発言をする人もいます。

しかし個別の仕事は担当者に任せた結果、団員一人一人にその『存在価値』を伝え、それぞれが『楽しむこと』を奪わない雰囲気づくりに徹することができたのです。

結局、僕は最初から最後まで何ひとつ決めませんでした。

任せることは「あなたを信じている」という信頼であり、任せられた者は『責任』と『信頼にこたえる』ために一生懸命努力してくれる。

それを、身を以て経験することができました。

結果、総合2位、応援団の演技は優秀賞で1位は逃してしまいましたが、自分たちが納得するパフォーマンスができました。

一人一人が大きな達成感に包まれたと思います。僕自身もそうでした。

なにより、後輩たちが「来年も応援団に入りたいです」とか「岡本さんが応援団長でよかったです」という言葉をもらったことが一番うれしかったです。


18歳とは思えないリーダーシップに感激しました。私が仕事を通じ、リーダーとして10年かかってやっと気づいた「任せる」というルールを、彼はすでに体験的に実践していたのです。

2015年4月から京都教育大学に進学されました。彼のリーダーシップが社会で発揮される日が待ち遠しいです。

PART 5

「女性部下が苦手」は、上司の資格はない！

女性部下が苦手なリーダーが多い

あなたは部下に、女性社員はいますか？

いまの部下は男性ばかりだというリーダーであっても、女性の社会進出を国全体が推進していることはご存知でしょう。きっと数年も経たないうちに、あなたの部署にも女性社員が入ってくるはずです。

女性を部下にもつリーダーの多くから、

「**すぐふてくされたり、泣いたりするから女性社員は扱いづらい**」

「**男性社員なら命令で動くけど、女性社員はなぜか動かない**」

「**女性社員は『好き・嫌い』で仕事するから困る**」

「**女性社員は仕事を教えてもすぐやめてしまう**」

「**子育てスタッフはいつ休むかわからない**」

という声を聞きます。

しかし、これからの時代、女性社員の能力を引き出せない上司は「リーダー失格」という評価になります。

「女性社員が苦手だ」

「女性社員との接し方がわからない」

では、リーダーとして通用しなくなる時代は、もうすぐそこまできています。

女性部下は、男性部下の何倍も働く

女性の部下との接し方がわからず、うまくマネジメントができないと悩んでいるリーダーに、

「**女性社員は、男性社員の比ではないほど、何倍も働く**」

と私が言うと、全員が驚く顔をします。

先ほどもお話ししましたが、私は京都府舞鶴市で歯科医院を開業しています。男性社

員2人と女性スタッフが25名ほどの歯科医院です。

私は10年前まで「俺様院長」でした。

当時の私は、経営者ならそれが当たり前だと思っていました。しかし女性社員からは、「イライラ院長」と思われていたと、いまの私ならわかります。

当時のことを拙著『指示待ちスタッフが変わる仕組み』に詳しく書いていますので、よろしければどうぞお読みください。

さて、あるきっかけがあり、すべての女性社員がもっているすごい能力に気づき、その能力を発揮できる職場の仕組みを、ひとつずつつくりあげていきました。

その結果、患者数が以前よりも3倍以上になりました。

商圏が2~3キロといわれる歯科業界で、50キロ先からも患者さんが来院するようになり、予防歯科の診療では3か月先まで予約がとれない状態です。

さらに、出版社から『行列のできる歯科医院』というタイトルで本の執筆依頼まできました。

それでは、これからのリーダーなら知らないと困る、すべての女性社員がもっているすごい能力についてお話していきましょう。

女性は「共感力」がすごい！

なぜ患者さんの数が3倍になったのか。

私はその理由は、女性部下の「共感力」のアップにあると思っています。

自ら動く時の動機には、男女によって違いがあります。

男性は「勝ち負け」、女性は「愛情」なのです。

例えば、クチコミです。

お気に入りの飲食店があったとしましょう。

男性のクチコミには、「この店を知っている自分はすごい」という自慢が含まれています。

でも、女性のクチコミは、「自分がお店から受けた喜びを、大切なあなたも受けとってほしい」という愛情がベースです。

女性のクチコミは、あふれ出す愛情そのものなのです。共感力によるクチコミ。これは最強のクチコミです。

ちなみに、歯科医院嫌いのご主人のために、奥様が歯科医院の予約の電話を入れる。歯科医院が怖くて震えるご主人の治療に付き添ってくる。

こういうケースは、歯科医院では頻繁にあることです。一方、ご主人が奥様のために予約を取るのは珍しいケースです。

女性は共感力が強いために、困っているご主人を放っておけないのだと思います。

また、家族や友人、ご近所の方の困りごと、つまり自分事ではないことに対する相談も圧倒的に女性の方が多いです。これも大切な人のことを自分事のように感じる力が強いからだと思います。

とくに**サービス業において、共感力は最大の武器になります。**

私がいる歯科という業界は、治療技術が大切な要素ですが、予防歯科という分野はサービス業に近い業態です。

サービス業にもっとも重要なことは、「この人にまた会いたい」という人としての魅力です。

商品ではなく、コミュニケーションを求めて人はやってきます。

「この人にまた会いたい」とお客様さまに感じてもらうための最大の武器が共感力なのです。

「共感力」はサービス業だけの強みではありません。いろいろな分野でもっともっと女性の共感力を業務に活かすことができれば、商売繁盛は間違いありません。

なぜなら、商品やサービスを選ぶ時、財布のひもを握っているのは、ほとんどの場

合女性だからです。

女性はママになると「共感力」が最大になる

さらに、出産後の女性は共感力がさらにアップします。

他の人のことを我が事(こと)のようにとらえることができるようになり、多くのことに感謝できるようになります。

本当に大切なものができたとき、女性の愛情は最大になり、共感力もマックスになります。

これは、私が子育て中の部下から得た最高の学びですが、子どもができる前は、仕事に対するモチベーションがあまり高くなかった部下でも、出産後はものすごく愛情にあふれた状態で戻ってきます。もちろん、共感力もあふれています。さらに人間的成長をして職場に戻ってきます。

人生において、共感力が最も育成されるのが「出産」なのです。

もともと共感力が高いのが女性。そして共感力がマックスになるのが出産&育児。この時期に、社会にでて仕事ができない現状は、ものすごい損失です。

反対に、この共感力をうまく活用できるチームは、他を圧倒するチームになっていきます。

おそらく今後、子育て中の女性が働く会社やチームは、共感力を武器にすることができれば、大きく伸びていくことでしょう。

子育て中の女性の「共感力」を引き出すためのすごい仕組み

男性部下より何倍も働く出産後の女性部下に、「最大の共感力」を発揮してもらうために、私が職場で取り入れている仕組みをお伝えしましょう。

- **子育て中の社員は、他の社員より早く、5時に退社していい**
- **妊婦健診による遅刻早退は出勤扱い**

・妊婦の体調不良による欠勤、遅刻、早退は出勤扱い
・子どもの体調不良による欠勤、遅刻、早退は出勤扱い
・子どもの予防接種、健診による欠勤、遅刻、早退は出勤扱い
・1年以内に復職してくれる場合は、休職前のキャリアを踏まえて給与を決定する
・1年以内に復職してくれる場合は、月に1万円の補助金を支給する
・子どもが3歳になるまでは、正社員でありながら労働時間は短くていい
・子どもを預かってくれるおばあちゃんに手当として、子ども一人5000円を支給する

このような職場のルールづくりに10年前から取り組んでいます。

「イライラ手帳」と並ぶほど、拙著の出版後、読者からたくさんの反響をいただきました。多くの経営者・リーダーたちが、この制度をモデリングしたいと言ってくれたことは、本当にうれしいことでした。

しかし、これはある一面しか見ていません。

出産後の女性社員に、こういった柔軟な働き方を認めるということで、未婚や出産をしていない女性社員に負担をかけることになっています。

そのためには、未婚や出産をしていない女性社員には以下のような仕組みを職場で整備しました。

- **誕生日は有給休暇とする**
- **未婚や出産をしていない女性社員だけで慰安旅行に行く**
- **未婚や出産をしていない女性社員だけの食事会がある**

この2つの仕組みがないと、組織を運営することはできません。

私の職場では、未婚や出産をしていない女性社員のことを「サポート社員」と呼んでいます。この名称からもわかるように、出産後の女性社員をサポートすることが、私の職場では当たり前のことになっているのです。

子育て部下を優遇する仕組みを導入するときの私の悩み

「この部下たちとずっと一緒に働きたい」と感じた私の想いが、この仕組みをつくった第一歩でした。

とはいっても、実際に子育て部下の職場の制度を充実させようという時には、私にも葛藤がありました。

「こうあればいい」という理想を、いざ実際の仕事の現場に取り入れようとすると、さまざまな問題も浮かびあがってきました。

「子育て社員を忙しくなる5時に帰らせて、はたして経営は成り立つのか？」
「未婚や出産をしていない女性社員からの不満はでないのか？」

悩んで答えがでることではありません。この問題を乗り越えるには、部下を信頼して、リーダーとして決断するしかありませんでした。

子育て部下に対する信頼。
サポート部下に対する信頼。

「あなたなら、できる」と信頼して、待つ。
そうすれば、信頼されたものは、『責任』と『信頼にこたえる』ために一生懸命努力してくれる。

そう信じて、リーダーが決断するしかないのです。

職場や業種が違えば、リーダーが取るべき選択も違います。
もちろん、私の紹介した勤務の仕組みを参考にしていただければありがたいですが、まずはその中心にある「想い」を感じ取っていただければ幸いです。
そうすると、おのずとあなたの職場にあった仕組みが浮かび上がってくるはずです。

とはいえ、経営者ではないリーダーにとっては、勤務のルールまで変更することは難しいかもしれません。これから、もっと手軽に実行できる、女性部下をもつリーダーのルールをお話ししていきます。

そのためにはまず、女性社員はどのように考え、あなたを見ているかを知るところから始めましょう。

ルール1 女性社員は「助けてくれる上司」ではなく「上司を助けること」を求めている

制度や法律で男女は平等だと決められていたとしても、やはり男性と女性には違いがあります。

背の高さ、体重、筋肉力では男性が勝り、共感力や母性本能は女性が勝ります。

「男性脳と女性脳の違いは、狩猟時代にさかのぼるとわかりやすい」

脳科学者の茂木健一郎さんがテレビで言っていました。

人が狩りをしていた時代に、男性と女性で役割の違いによって、人の脳の大部分は形成されていったのだそうです。

狩猟時代において、男性の役割は「獲物を捕って持って帰ること」でした。対して女性の役割は「男がいない間、家族・集落を守ること」だったそうです。

獲物を捕るためには戦略がかかせません。獲物を捕って帰らなければ、自分はもちろんですが、家族・集落も生きていくことができません。

そこで男性の脳では、戦略を練って、目標を達成する分野の脳が発達しました。獲物を捕ることが一番の目的ですから、言葉は最低限の伝達でよかったのです。

いっぽう女性は獲物を捕りません。そのかわり、いつ帰ってくるかわからない男性を待って、その日を生き延びることが求められました。

そこで女性の脳では「今あるもので、できるだけ長く生きる」ということを考える分野が発達していったのです。

集落でうまくやっていくには、コミュニケーション力が求められます。

輪になってしゃべるスキルが、男性にとっての獲物を捕ることのように大切になってくるというわけです。

男：言葉は最小限。目標から逆算。
女：言葉が大切。プロセスの積み重ね。

感性や考え方が全く違うのです。

これはどっちが良いということではなく、脳のつくりが違うのだということを理解しておいた方がよいでしょう。


男性の上司は結果を出す過程で、最小限の言葉しか発しません。

すると、女性の部下は意味がわからず、仕事に対するモチベーションが下がります。

上司、部下の関係だから言葉には出ませんが、このとき女性の心の中では、「はい」と答えるより前に「なんで？」が入っているはずです。

女性は「なんで？」「どうして、それをしないといけないの？」がわかると、仕事のモチベーションがあがり、すごいパワーを発揮します。
それはなぜだと思いますか？

女性部下は「上司であるあなたを助けてあげたい」と思っている場合がほとんどです。

今何が起きていて、何を助けてほしいか。
背景を語り、助け方を教える。
そうすると、女性は男性の何倍も頼りになる強力な味方になってくれます。

でも「助けさせていない」のはあなたなのです。
そういう視点を持つと、女性部下に対するお願いの仕方は変わってきます。
「なんで？」が上手に伝えられるのが、女性部下にとって良い上司なのです。

また、男性は、カッコいいところ、仕事ができるところを周りの人に見てほしいと思っています。

でも、女性は、私だけに見せるカッコ悪いところを見たい、と思っているのです。

女性は『自己効力感』が男性より強い。

『自己効力感』とは相手の役に立っているという感じです。

「助けてほしい」と言ってほしいのです。


ちょっと振り返ってみてください。

あなたは家族のために夜遅くまで頑張って働いている。

夜遅くまで頑張っているから、家ではいつも疲れていて、不機嫌なことも多くなってしまう。

仕事であった辛いことも、それを家で話すのは男の美学に反する。

そう思っているから、奥さんにも話さない。

すると、はじめは応援してくれていた奥さんも、いつしかあなたのことを遠ざけてしまう。


妻からは仕事中毒の烙印を押されてしまう。

決して、仕事が好きで仕事ばかりしているわけではないのだけれど……。

あなたは、家族のために頑張っているのに、なぜか孤独感にさいなまれる。

これは、男性と女性の違いから生まれる典型的なギャップです。

女性部下がいるリーダーに求められるスキルは、「助けを求めること」です。

つまり「気持ちを素直に話せること」です。

ルール2 女性社員には見通しを示せ

狩猟時代、男性は狩りに出て、女性は家族や集落を守っていました。

狩りは、突発的な出来事ばかりです。

突然、獲物があらわれる。

突然、獣から襲われる。

だから、男性は突発的なことに対する能力が高いのです。

しかし、集落で男性を待っている女性には、あまり突発的なことは起きません。だから、突発的なことに対する対応能力が少し弱いのです。

急な仕事。
何時に終わるか見通しのたたない仕事。
これに対応する力が、女性は男性に比べると弱いのです。

女性は、突発的なことに対応することは苦手でも、反対に、決められたことをすることは得意です。

見通しのつく仕事はきっちりとこなしてくれます。
5時までしっかり働く、ということも同じく得意といえます。

女性のこの特性をしっかり理解しないで、あなたが予定外の突発的な仕事や急な残業をお願いすると、女性部下には不満が積もっていきます。

ルール3

女性社員は感情で仕事する

女性は感情で仕事をします。

嫌なときはおもむろに嫌な顔をする。

時に泣きだす。

嫌いな上司の言うことは全否定する。

「だからやんなっちゃう」と言っているリーダーは、女性の本当のパワーを知らないのです。

女性の感情が仕事に向いたらものすごいパワーで能力を発揮します。

どうやったら、感情を仕事に向かせることができるか。

これを本気で考えているリーダーがいる組織が間違いなく伸びていきます。

相手の感情を自分事のように感じることを共感といいます。

サービス業において、共感は顧客満足に直結し、チームマネジメントにおいて、チームの一体化につながります。

男性は昔から勝ち負けの世界で生きています。

戦いの時に感情を表に出すと、心理戦で負けてしまいます。

だから感情をあまり表に出さないようになりました。

私も男は人前で泣くな。あるいはヘラヘラ笑うなと言われ、口を真一文字に閉じておくことが男性としての在り方だと教育されて育ってきました。

今はそんな時代ではないでしょうが、それでも**男性は女性に比べて感情を出すことが苦手です。感情で仕事することは悪いことであると決めてしまいがちです。**

だから、女性を理解できない男性リーダーは、女性の感情を封じ込めようとしてしまいがちです。

感情で働くことを封じ込めることは、女性の最大の魅力である共感力の源を封じ込めることになります。

女性が感情で働くことを理解し、女性ならではの共感力を存分に発揮させることができる組織こそが、今後伸びていくことがご理解いただけましたでしょうか。

男性が狩りに行く間、女性は集落を守りました。女性に必要だったのは、「輪になってしゃべるスキル」です。

この時に大切なのが共感力です。

共感力とは、相手の感情を自分事のように感じることです。その時に相手に対して不公平感があると、共感できないのです。

だから、**女性は不公平感に敏感になります。**

一方、男性は、指示・命令に対して意味を考えずとも行動できます。

これは獲物を獲得するために、指示命令に瞬時に反応するということが、脳に刻み込まれているからです。女性ほど不公平感を感じずに行動できるのです。

女性は「なんで?」がわかると、仕事のモチベーションがあがり、すごいパワーを発揮することは先述しました。

「なんで？」対策は、女性部下にパワーを発揮してもらうために、とても重要な要素となります。


「できるだけ『なんで？』がでないようにマネジメントする」

「『なんで？』がでそうな事案には、前もって言葉で説明しておく」

ということをあえて意識することがとても大切です。

ルール4 女性社員を人前でほめるのは微妙

リーダーから全員の前でほめられる。

これは部下にとってとても名誉なことで、うれしいことだと思っていました。

しかし、女性の心理はやや複雑なようです。

「あの子ばっかりほめるのは控えてください」

女性の中堅部下が私に忠告してくれました。

私がほめればほめるほど、女性社員の間で私がほめた彼女が浮いてしまうらしいのです。


「なんであの子だけほめられるの」

「○○ちゃんだって一所懸命がんばっているのに」

「あの子はリーダーの前だけでは仕事しているふりをしている」

という声が出ているらしいのです。

私は本当にびっくりしました。

女性スタッフをほめるのも叱るのも個別でする――。そうした方がチームに波風をたてないということを学びました。

ルール5

女性社員は命令では動かない

開業して間もない頃の話です。部下の仕事観が何より大切だと感じた私は、ミーティングの時間に「働く意味」や「目標設定の大切さ」の話をしました。

まだ話が終わらないのに突然、一人の女性社員に「私たちはそんなことをするために働いているのではありません。そんなことは院長が勝手にやってください」と言われてしまいました。

その時は怒り心頭になりました。

「仕事を何だと思っているのだ！　君らのために大切な時間を使って、仕事ってどういうものかをわざわざ教えてやっているのに、その態度はなんだ！」と怒鳴りつけたい気持ちを必死で抑え、怒りで体が震えてきました。

これは私が女性社員の考え方を知らなかったがゆえにおきた出来事なので、恥ずかしながら紹介させていただきました。

女性は命令では動きません。

でも、共感して納得し、その意味がわかったら、ものすごいパワーを発揮してくれます。

私の失敗を振り返ってみると、まず、私と部下の人間関係が良好ではなかった。つまり、尊敬されていなかったわけです。

この時点で、どのようなことを提案しても、女性であれば聞く耳をもってくれません。

そして、男性の論理で話をしてしまった。欧米型のマネジメントを数冊の本を読んだだけで自分が理解したつもりになり、「俺が知っていることを教えてやっているのだ」という態度で話をしてしまっていたということです。

男性社員は「上下関係」を重んじるので、このやり方でもある程度は動いてくれるでしょう。しかし、女性は「仲間関係」の方を大切にします。

きっと、私がミーティングで話をしている空間に、女性スタッフ間でこのような空気が流れたのではないでしょうか。

「また変な本を読んで影響されている」

「もうこんな話うんざり」

「だいたい自分ができていないじゃない」

「言っていることも意味がわかんない」

「こんなことしてなんの意味があるの」


そういう空気を代表して、一人の女性社員が私に「そんなことは院長が勝手にやってください」という言葉を放ったのだと思います。


では、どうすればよかったのか。

まずは普段の人間関係を良好にすることが前提です。その基本になるのが、すでにお話ししている「毛穴からイライラをださないようにする」です。

そして、ミーティングのはじめは、アイスブレイクとして、まずは業務と関係のない話題で雰囲気づくりをすべきでした。

さらに可能なら、前もってまとめ役になっているであろう女性社員に、どういう目的で、どんな話をしようとしているということを相談しておけばよかったでしょう。

ルール6

女性社員はみんなと一緒に辞める

勤務していた時の話です。

「森さんにはなんの恨みはないのですが、私たち来週の月曜日から全員来ません」

一緒に働く女性の同僚に呼び出されて、こんな話をされました。

そこのオーナーのやり方や態度が気に入らないので、全員でボイコットして辞める計画を立てていたのです。

「なぜ、全員一緒に辞めるの？」と聞きましたら、「残る子がかわいそうだから……」とのこと。

私は「おいおい……」と思いましたが、彼女たちの仲間意識は強く、引き止めることができませんでした。

女性は、対トップで仲間意識が固まってしまうと、仲間意識が仕事の責任感を上回ってしまいます。

女性社員に嫌われてしまうと、集団ボイコットという、恐ろしい事態になりますので、くれぐれもご注意を。

ルール7
女性社員の『泣く』『ふてくされる』への対応

25人の女性部下がいる私が感じていることです。

それは「女性部下が『泣く』ということに関して、あまり重大に受け止めない方がよい」ということです。これは「教訓」といってもいいでしょう。

感情が動く時、男性よりも女性の方が涙が出やすい――ということを理解しておいた方がよいかもしれません。

女性の涙に慣れていなかった頃は、泣き止んでほしくて慰めたり、業務で指示しようと準備していたことをやめたりしていました。

そんなふうにご機嫌をとっていたのですが、次の日出社するとケロっとしていることとがほとんどです。

「女性の涙は、男が思うほど、深い意味はあまりない」というのが正直な感想です。

また、何か新しい取り組みを始めようとすると、必ず抵抗する女性部下があらわれます。

男性は狩猟の場で、次々変わる状況の変化に臨機応変に対応しながら、行動することに長けています。

女性は、同じ集落の場でコミュニケーションを大切にするから、変化があれば、そのつど皆で相談してルールを決め直さなければなりません。

脳の働きから女性は変化を嫌うようになっているのでしょう。

その時、『ふてくされる』という態度を出す女性部下もいます。

私がお伝えしたいことは、この『泣く』『ふてくされる』に、男性のあなたは絶対に負けてはいけないということです。

『泣く』『ふてくされる』という行動が認められ、新しい取り組みや、配置転換などのスピードが遅れる場合、今後ずっとその女性部下は何か気に入らないことがあると『泣く』『ふてくされる』という女性の武器を使って、保身をはかろうとしてきます。

女性の社会進出が広がることで、必ず女性部下が増えていきます。**『泣く』『ふてくされる』という場面において、リーダーは決して決断を曲げないという覚悟が必要になってきます。**

「『泣く』『ふてくされる』と上司は折れる」ということをインプットさせてはいけないのです。

これは女性に限らず、男性にもいえることですが、仕事をする人にはすべて「仕事観の向上」が求められます。

厳しい表現かもしれませんが、「仕事観が向上しないような人は、世の中の人の役に立つはずがない」と私は考えています。

女性の社会進出が広がるということは、この「仕事観の向上」もセットになります。

女性に多い『泣く』『ふてくされる』にリーダーは負けずに、「仕事観の向上」として、女性部下をしっかりと育成していくことが求められます。

ルール8
女性社員の有給休暇届は笑顔で受け取る

女性はプライベートの充実と仕事の頑張りが比例します。

あなたは『仕事が楽しくって、有給休暇なんていらない』という部下が理想かもしれませんが、それは、ほんの一握りの特別な人です。

あなたの職場の女性スタッフが有給休暇をとらないのであれば、それは職場に休みにくい雰囲気があるのです。


「評価が落ちるのではないか」

「リーダーから嫌われるのではないか」

「嫌味をいわれるんじゃないか」

そんなことを感じながら、無理をして働いています。

有給休暇届が出されたら、

「いつも頑張っているから、しっかりと休養をとってきてね」

とニッコリ笑って言ってください。


すると女性部下は、そんなあなたを助けたいという想いをさらに強くもって、思い切り能力を出してくれます。

ルール9 女性社員にはサプライズをしよう

女性はサプライズが大好きです。

一緒に働く同僚が、驚いて喜ぶ顔、感動して涙する顔を想像して、他のみんなに隠れてこそこそ準備を進める。

職場がせまければせまいほど、変な緊張感があり盛り上がります。

女性はサプライズをされることだけでなく、サプライズをすることも好きなのです。

「サプライズの準備」で、チームの結束力がものすごく上がります。

この時、リーダーであるあなたのスタンスは「お金を出して口を出さず」。部下に完全に任せます。

その方が絶対盛り上がりますし、あなたの株も上がります。

結婚が決まったスタッフにお祝いのサプライズをしました。この時は、「サプライズの仕掛け人をサプライズする」というサプライズをしました。もう誰を信用してよいかわからない状態です（笑）。

その時、スタッフがアップしてくれたブログを紹介します。現在このスタッフは2児のママとなり、仕事と家庭の両立を楽しんでくれています。

2008／4／18「人生で1番幸せな日」

今日はゆかりの結婚を祝うサプライズパーティー。

この日のために1ヶ月前からこそこそと準備を進め、今日は盛大にお祝いするんだと朝からそわそわしていました。

が、しかしやられました……今日のパーティーはゆかりだけでなくわたしの結婚を祝うダブルのサプライズパーティーだったのです。

一斉にクラッカーがなった瞬間、何が起きたのか全く理解できず、挙動不審なワタシ。

どうやらこの1ヶ月、ゆかりをだましてきたつもりが、まんまとだまされていたようです。

そしてどんどん出てくるプレゼントたち。

院長からは新生活で活躍間違いなしのポットとミキサー。

福本さん、先生方からは豪華なお花。

奥さん手作りのリングピロー。

スタッフのみんなからバルーンに入ったお花に、メッセージ入りブタちゃん。

素敵なポエムに、欲しかったルクルーゼのお鍋。

感動のＤＶＤに、手作りのアルバム。

そして特大ケーキ。

いつの間に集めたのかと驚いた、家族や友達、これから家族になる人たちからのあたたかいメッセージ。

全部宝物です。

これだけの準備を忙しい中、ワタシにばれないようにと内緒で進めてくれたスタッフのみんな、家族、友達、そして彼とその家族……本当にありがとうございました！

私はこんなにもたくさんの大切な人たちに助けられ、支えられて生きていることに心から感謝します。幸せ者です。

そして、仲良しのゆかりと一緒にお祝いしてもらえたことが本当に嬉しかったです。

今日は人生で1番幸せな日。生涯忘れません！

本当にありがとうございました。

ルール10

女性社員は「〜しながら」が得意

「つかまり立ちができるようになった幼子を見ながら、家事をする」

これ、男性にはかなり難しいことだと思います。

女性は、子どもの安全を見守りながら、食事をつくったり、テレビを見たり、電話をかけたりすることができるのです。

私なんかは、電話の時にはテレビを消さないと会話に集中できないのですが、女性はいろいろなことを「しながら」できます。しかも、しっかりとできるのです。

きっと、男性は一つのことに集中しないと仕事ができない、女性はいろいろなことを「しながら」でも仕事が充分にできるのでしょう。

むしろ、「〜しながら」の方が仕事がはかどることもあるようです。

男性上司はこの「〜しながら」仕事をしている女性部下を見ると、集中して仕事をしていないように感じて注意しがちです。

まずは、**「女性はおしゃべりしながらでも仕事ができる」ということを理解しましょう。**


イメージしてみてください。

あなたは、手の指を怪我してしまいました。

女性の看護師さんが、

「ものすごく真剣な顔をして無言で集中して包帯を巻く」

「笑顔で、あなたの痛みに共感しながら包帯を巻く」

のどちらが、あなたの心は癒されるでしょうか。


私だったら、私の痛みに共感しながら、優しい声をかけてくれる看護師さんに包帯を巻いてほしいと思います。

特に接客サービス業においては、「～しながら」仕事をするということは、共感力につながるのです。

同僚との昨晩のテレビについてのたわいもない会話に思えても、それが女性社員の情報収集方法であり、顧客満足度につながることにもなるのです。

「おしゃべりをやめなさい」

ではなく、

「手を動かしながらおしゃべりしなさい」

が、女性のパワーを引き出すポイントです。

ルール11

陰口禁止を女性社員に徹底する

人間関係が崩れる初めの一歩は陰口です。

「あの子ばかりかわいがられている」

「口のきき方が悪い」
「態度がでかい」
「自分ばかり働かされている」
「あの子はかげでさぼっている」

私の職場では私語はOKですが、陰口を断固禁止しています。

禁止しても、それでもやはり陰口は出ます。
それでも根気よく禁止します。
給与の査定にも、「陰口禁止」という項目をいれています。
それでも完全にはなくなりません。
それでも根気よく禁止します。

具体的には、「陰口」が聞こえてきたら、上司が陰口を言っている部下と話を聞く場を設けます。

ヒヤリングをしていくと、部下の勝手な勘違いであったり、上司の説明不足であったり、ということが往々にしてあります。

男性脳ではついつい解決策を呈示しようとしてしまうのですが、具体的な解決策を講じなくても、話を聞くだけで、本人が安心するということもあります。**部下の陰口の多くは共感してほしいとの思いから出ている場合が多いのです。**

女性部下に対する共感は人間関係をよくするためのツールではなく、共感自体が解決策なのです。

「陰口」が聞こえてきたら、決して放置するのではなく、根気よく話を聞くこと。これが、「陰口」対策となります。

ルール12 女性社員の失敗を叱らず、喜ぼう

「仕事ができる上司」は、人に任せることができません。ついつい口を出してしまいます。

すると、大きな失敗はなくなりますが、部下が指示待ちになってしまいます。

「失敗がなくなるならそれでいいじゃないか」と思ったかもしれませんが、残念ながら、チームとしては膠着した状態になってしまいます。

リーダーのあなたの仕事ばかり増え、部下のモチベーションはどんどん下がっていきます。

思い出してください、あなたが成長したときのことを。

仕事で結果をだし、成長を実感したこともあったでしょうが、それをはるかに上回る失敗を重ねたことで、成長してきたことを。

部下に成長してもらいたいなら、失敗を喜ぶ度量が必要です。

大きな失敗した時こそ、乾杯をするのです。

とくに女性社員は失敗をしたとき、自信を失いがちです。

男性社員であれば、奮起をうながすために、きつく叱るということも有効な場合もあります。

しかし、女性の場合はいけません。

とても大切なことなので繰り返しますが、女性部下が求めているのは「共感」です。**女性部下が失敗した時こそ、部下の気持ちに寄り添い、一緒に考え、気持ちを上向きにさせ、そして信頼するのです。**

それができる上司こそが、女性部下にとっての理想の上司となります。

信頼するとは「失敗しても」「裏切られても」信用することです

部下が育つかどうかは、部下自身の問題ではなく、リーダーであるあなたの問題なのです。

ルール
13

妊婦時の体調不良を許容する

妊娠時の体調不良は千差万別です。

出産当日まで平気で働ける女性社員もいますし、妊娠直後から体調不良で動けなくなる女性社員もいます。

がんばろうと思っていても、体が言うことを聞かないことがあるのです。

これは本人の意思ではどうにもできないこと。

でも、本人は「周りに申し訳ない」「迷惑をかけたくない」という気持ちをもっています。

仕事を続けたいと考えていても、同僚に仕事の負担をかけていることが心苦しく、体調不良を原因に退職を申し出てくるスタッフも、以前は私の職場でも少なくありませんでした。

そのため、私の職場では「妊娠時の体調不良を職場全体で許容する」ことにしました。それは、制度の面でも、気持ちの面でもです。

「今は、体のことを一番に考えてください。仕事のことはみんなで力を合わせて乗り越えるから大丈夫です」

というメッセージを伝えられている職場だと、女性は安心して働けると思います。

私の職場では、妊娠時の体調不良や検診による欠勤は出勤扱いとしています。

ルール14 子ども事情の休みを許容する

子どもが体調不良で欠勤になる。

子育て中の女性社員にとってやむを得ないことです。

子どもにとって、体調不良の時こそお母さんにそばにいてほしいもの。

「しっかり子どもさんが回復するまで見てあげてください。仕事はみんなで力を合わせて頑張りますので大丈夫です」

という共通認識がある職場環境であれば、女性は安心して働けるのではないでしょうか。

私の職場では、子ども事情の欠勤は出勤扱いとしています。

また子どもを病児保育に預ける場合、その保育料は会社が支払います。

そこまでして出勤してくれる子育て中の女性社員への、私からのほんのわずかなお礼の気持ちです。

ルール15 家族との時間を大切にする

私の職場だと、終業時間が午後6時半、遅い時には7時を回ってしまいます。

仕事が終わってから、保育園に迎えに行く、もしくは祖父母のところに迎えに行き、それから夕食の用意をする。

こういう生活になります。

これでは小さい子どものいる家庭では、家族一緒に夕食がとれない。とれたとしても、遅い時間になってしまい、子どもの生活が乱れてしまいます。

そうすると、女性社員や家族に負担がかかり、その積み重ねで退職にいたります。

私の職場では、子育て中の女性社員は午後5時には帰れるように体制を整えました。

「子どもとその日にあった出来事をおしゃべりしながら食卓を囲む」

これが子育ての醍醐味というか、家族の絆につながります。

女性が仕事を続けるときの3つの壁

女性社員の場合は、彼女自身が仕事を続けたいと考えていても、乗り越えないといけない壁が3つあります。

そのことを、女性部下がいるリーダーのあなたは理解しておかなければなりません。

・第一の壁「結婚」

結婚後も仕事を続けたいと思っていても、パートナーがそれを望まない場合には退職になってしまいます。また、結婚後しばらくは仕事を続けていても、独身の頃と結婚をしてからの生活にギャップを感じて、退職を申し出てくる部下もいました。いわゆる家事と仕事の両立に悩み、退職にいたるというケースです。

・第二の壁「妊娠」

妊娠をして、仕事を続けるか辞めるか、悩みながらも仕事を続ける女性は多いのですが、そのまま退職に至ってしまう女性社員は、ほとんどが妊娠時の体調不良によるものです。頑張ろうと思っても、体調を崩し、欠勤が続き、周りにも会社にも申し訳ないという理由で退職に至ります。

・第三の壁「育児」

育児をしながら仕事を続けるためには、家族の協力、子どもの健康、職場の理解が必要です。また、実際に育児をしながらの生活というものは、生活パターンが激変します。そのため頑張ろうと思っていても退職に至るケースがあります。

このように女性には男性よりも辞めるという選択肢がたくさんあります。

だからこそ、女性社員がモチベーションを高く持って仕事を続けられる環境つくりが大切で、その環境や風土づくりこそが最強のチームビルディングにつながるのです。

「うまく助けてもらえるリーダー」が「本当のリーダー」

ここまで、女性部下の特徴を述べてきましたが、これは一般的にとらえてということです。

当然、女性にも男性性はあり、男性にも女性性があります。

また、女性自身も、新入社員の時期、部下を持つ時期、子どもが生まれる時期、育児休業を終えて復帰した時期、親の介護が必要な時期によって、仕事に対する姿勢が変わってきます。

つまり、個々によって違います。

女だから、男だからと原則的に対応するのではなく、個々で接し方を変えるというきめ細やかな配慮があれば、さらに有効に活用いただけるのではないでしょうか。

これから女性の社会進出がどんどん進んでいくことは間違いありません。

「女性部下は苦手」という上司は淘汰されていきます。

「仕事ができる上司」から、「女性部下を充分理解したうえで、女性部下にうまく助けてもらう上司」に変身することが求められる時代です。

おわりに

本書の最後に、自分のリーダーとしての在り方の誤りに気づき、見事素晴らしいリーダーになられた方をご紹介します。

長崎にある活水学院にて、音楽学部の教授と吹奏楽部の監督をされている藤重佳久氏です。

藤重先生は、2015年3月まで福岡県にある精華女子高等学校の吹奏楽部顧問をされていました。

精華女子高等学校では、全日本吹奏楽コンクールにおいて金賞を10回、全日本マーチングコンテストでは出場した16回すべてにおいて金賞を受賞しています。

また、彼女たちのCD『熱血！ブラバン少女』は、クラシック部門で年間トップの売上を記録し、日本ゴールドディスク大賞の「クラシック・アルバム・オブ・ザ・イヤー」を獲得しています。高校の吹奏楽部が受賞したのははじめてのことです。

部員数165名という大所帯を率い、結果を出しつづけたリーダーはどのようにして生まれたのでしょうか。

私が精華女子高等学校に赴任した1980年は、部ができたばかりで部員はわずか5名でした。音大を出て、東京シティ・フィルハーモニック管弦楽団でホルン奏者だった私は、私が受けてきた音楽の専門的な教育を生徒たちに強いていました。基礎練習を繰り返し、教えこませる教育ですね。

「ここがダメ、あそこがダメ」と間違いを正し、根性論を叩き込んでいました。もちろんこの教育でもある程度のレベルに到達し、コンクールで賞も取れました。ただ、それ以上上達しないんです。頭打ちでした。私も生徒たちも笑顔が消え、暗くなり、大好きな音楽のはずが、全然楽しくなかった。

そんな時、マーチングの講習会を受けたんです。米国で高校生を対象に発展したマーチングの方法論は、「一つの目標を共有し、優しさ、楽しさ、真剣さ、笑顔」で溢れていました。私がおこなっていた教育とは真逆でした。

いつも教育する立場だった私が習う立場でそれを感じたことで、私の教育は変わりました。

自分の考えや技術を教えこみ、「ダメだ、ダメだ」と否定することは、生徒たちが失敗を恐れるようになって行動をおこさなくなってしまうことに気づいたんです。「ああしろ、こうしろ」と命令してできる音楽は芸術ではなく、何かの再現にすぎない。

そうではなく、自分たちにあった曲、表現したい音をひとりひとりが考え行動することで、人を感動させられるサウンドがつくられるんです

藤重先生は、そう話していらっしゃいました。

藤重先生の経験は、「できる上司」を手放し、部下が自ら考え行動する組織にいざなうことに成功できた典型的なケースであると思います。

自分の指示に従わせる組織ではなく、部下の一人ひとりが考え行動する組織。これが私が本書でお伝えしたい「**本当のリーダーであり本当のチーム**」です。

本書が、あなたが「本当のリーダーシップ」を手に入れる一助となれば幸いです。

本書執筆にあたり、快く体験談や感想を聞かせていただいた
大手住宅メーカー勤務のYさん、
営業所長のHさん、
運送会社勤務のMさん、
京都教育大学の岡本慶太郎さん、
活水学院音楽学部教授・吹奏楽部監督の藤重佳久先生、
大変お忙しい中、本当にありがとうございました。

この本の企画、立案、構成まですべてエイル・ブランディング株式会社の福井直子さんにお世話になりました。
それと同時に処女作に続き出版のチャンスをいただきました現代書林の坂本桂一社長をはじめ社員の皆様、特に担当の松島一樹さんには、すべての分野で的確なアドバイスをいただき本書が出来上がりました。心から感謝します。

『最高の職場つくり実践会』のプロデューサー、福永寿徳さんには、スタッフマネジメントのコンテンツを指導していただきました。心から感謝します。

また、個性真美学研究家の山口成隆先生には、リーダーとしての心の成長を指導していただきました。心から感謝いたします。


いつでも私と医院を支えてくれ、最高の学びを与えてくれる竹屋町森歯科クリニックスタッフのみんな、本当にありがとう。

また、いつも的確なアドバイスをくれて支えてくれる妻の光恵。子どもたちの彩果、健吾、杏樹、本当にありがとう。

そして、何より、この本と出会ってくださったあなたに心から感謝します。


たくさんの方々のお世話になりまして、本書は生まれることができました。

感謝を込めて、この本をつくるにあたって多大な力をいただいた、私の大切な人たちを紹介いたします（敬称略）。

2015年6月

森　昭

◎最高の職場をつくる実践会

福永寿徳　田端俊和　平林弘行　岡村乃里恵　森光恵　市来正博　神村由紀

水野貴文　舩戸大　堂真道　近藤元純　長繁生　井上美和子

2大特典を無料プレゼント!

特典1　ページ数の関係で本書に載せられなかった『秘蔵コンテンツ』

☑ “できる上司”という思い込みのはずし方
☑ あなたの部下は乳幼児？　思春期？　成人期？
☑ 部下の成熟度のレベルと上司に必要なスキル
☑ 影響力のある上司に欠かせない●●とは？

特典2　音声セミナー『真のリーダーへの道』

☑ “できる上司”の前に立ちはだかるワナ
☑ “できる上司”時代の恥ずかしすぎる失敗
☑ “できる上司”を辞めるべき本当の理由
☑ “できる上司”を辞める時に起こる心理的変化
☑ あなたの人生を変える書籍とその活用法

2大特典をご希望の方は「森昭」で検索してください。

森昭

森昭オフィシャルページからご利用いただけます。
特設ページ http://www.moriakira.net/lp201508/

上司のあなたが頑張って働いても部下はなぜついてこないのか？

2015年8月17日　初版第1刷

著　者 ―――――― 森昭
発行者 ―――――― 坂本桂一
発行所 ―――――― 現代書林
〒162-0053　東京都新宿区原町3-61　桂ビル
TEL／代表　03(3205)8384
振替00140-7-42905
http://www.gendaishorin.co.jp/
カバー・本文デザイン ―― 小口翔平(tobufune)
カバー画像 ―――――― ©TAKAKO KATSURAGAWA／amanaimages

印刷・製本：広研印刷(株)
乱丁・落丁本はお取り替えいたします。

定価はカバーに
表示してあります。

ISBN978-4-7745-1530-4　C0063